曹薰铉、李昌镐精讲围棋系列

李昌镐围棋研究室 —— 编著

精讲围棋死活 ❻

化学工业出版社
·北京·

图书在版编目（CIP）数据

精讲围棋死活.6／李昌镐围棋研究室编著.—北京：化学工业出版社，2020.10
（曹薰铉、李昌镐精讲围棋系列）
ISBN 978-7-122-37496-7

Ⅰ.①精… Ⅱ.①李… Ⅲ.①死活棋（围棋） Ⅳ.①G891.3

中国版本图书馆CIP数据核字(2020)第145366号

责任编辑：史 懿　　　　　　　　　　装帧设计：刘丽华
责任校对：王佳伟

出版发行：化学工业出版社（北京市东城区青年湖南街13号　邮政编码100011）
印　　装：大厂聚鑫印刷有限责任公司
710mm×1000mm 1/16　印张12　字数180千字　2020年10月北京第1版第1次印刷

购书咨询：010-64518888　　　　　　　售后服务：010-64518899
网　　址：http://www.cip.com.cn
凡购买本书，如有缺损质量问题，本社销售中心负责调换。

定　价：49.80元　　　　　　　　　　　　　　　　版权所有　违者必究

职业棋手在下每一手棋时，对其以后的各种变化都会经过仔细的计算。他们将每一变化在脑海里像放电影似的反复演示，并判断出最佳下法，之后才会在棋盘上落子。

    但业余棋手，尤其是初学围棋的人下棋时，虽紧紧盯着棋盘，眼中却没有这手棋以后的变化，只是一味地将棋子下在棋盘上。他们行棋的速度很快，所关心的也只是谁输谁赢。养成这种习惯，对提高棋力绝对有害无益。

    因此在下每一手棋时，都应认真考虑对方会如何应付，而自己接下来又该怎样下，这样的思考方式非常重要。这种在脑海中分析以后各种变化的能力，就是人们经常提到的计算能力。

    每当有人问我"如何才能提高围棋水平"时，我总是回答"培养计算能力是提高棋力的捷径"。而经常接触死活问题，就是培养计算能力的最好方法。初学围棋者在解答那些普通死活题时，由于往往事先就知道了正确答案，因此成效不大。只有在不知道正确答案的前提下，通过对每一问题中各种变化的充分分析，才能起到事半功倍的作用。

    《精讲围棋死活》题目的难度逐步提升，大体上以每两册为一个台阶，分为初、中、高三个层次。做题时，应尽量凭自己的计算认真解答，而不要着急翻看答案。通过解题，您会发现，自己的棋力在不知不觉中提高了许多。

李昌镐

2020 年 8 月

围棋是中国的国粹，它能启发智力，开拓思维，是一项非常有益的修身养性的娱乐活动。成人通过学习围棋，可以培养自己良好的心境和大局观；儿童通过学习围棋，可以培养耐心，提高注意力，锻炼独立思考能力，挖掘思维潜能。学习围棋对课业学习也有十分明显的帮助。

那么如何学习围棋？如何学好围棋？什么样的围棋书才能更有针对性地提升棋艺水平？

韩国棋手曹薰铉、李昌镐不仅是韩国围棋的代表人物，在国际棋界也有举足轻重的地位。我们经与曹薰铉、李昌镐本人直接接洽，使得本系列书得以顺利出版。

本系列书包括定式、布局、棋形、中盘、对局、官子、死活、手筋共8个主题，集曹薰铉、李昌镐成长经验和众多棋手的智慧于一体，使用了韩国职业棋手的大量一手资料，其难度贯穿了围棋入门、提高、实战和入段等各个阶段，内容覆盖了实战围棋各个方面，是非常系统且透彻的围棋自学读物。

《精讲围棋死活》每册收录了各类死活问题120余道。从棋形急所、做眼破眼要点、手筋应用、行棋次序等方面，锻炼读者的计算能力，重视死活问题第一手棋的行棋方向，强调实战技巧。

本书由陈启等承担资料翻译、整理工作，由石心平、范孙操负责稿件审校，并得到曹薰铉、李昌镐围棋研究室众多成员的大力协助，在此对他们的辛勤劳动表示诚挚的感谢。

衷心希望广大围棋爱好者能通过学习本书迅速提高棋力，并由此享受围棋带来的快乐。

编著者

2020年7月

上篇　冲段篇

问题 1 …………………………… 1	问题 26 …………………………… 37
问题 2 …………………………… 1	问题 27 …………………………… 40
问题 3 …………………………… 4	问题 28 …………………………… 40
问题 4 …………………………… 4	问题 29 …………………………… 43
问题 5 …………………………… 7	问题 30 …………………………… 43
问题 6 …………………………… 7	问题 31 …………………………… 46
问题 7 …………………………… 10	问题 32 …………………………… 46
问题 8 …………………………… 10	问题 33 …………………………… 49
问题 9 …………………………… 13	问题 34 …………………………… 49
问题 10 …………………………… 13	问题 35 …………………………… 52
问题 11 …………………………… 16	问题 36 …………………………… 52
问题 12 …………………………… 16	问题 37 …………………………… 55
问题 13 …………………………… 19	问题 38 …………………………… 55
问题 14 …………………………… 19	问题 39 …………………………… 58
问题 15 …………………………… 22	问题 40 …………………………… 58
问题 16 …………………………… 22	问题 41 …………………………… 61
问题 17 …………………………… 25	问题 42 …………………………… 61
问题 18 …………………………… 25	问题 43 …………………………… 64
问题 19 …………………………… 28	问题 44 …………………………… 64
问题 20 …………………………… 28	问题 45 …………………………… 67
问题 21 …………………………… 31	问题 46 …………………………… 67
问题 22 …………………………… 31	问题 47 …………………………… 70
问题 23 …………………………… 34	问题 48 …………………………… 70
问题 24 …………………………… 34	问题 49 …………………………… 73
问题 25 …………………………… 37	问题 50 …………………………… 73
	问题 51 …………………………… 76
	问题 52 …………………………… 76

下篇　段位以上

问题 53 …………………………… 79	问题 87 …………………………… 130
问题 54 …………………………… 79	问题 88 …………………………… 130
问题 55 …………………………… 82	问题 89 …………………………… 133
问题 56 …………………………… 82	问题 90 …………………………… 133
问题 57 …………………………… 85	问题 91 …………………………… 136
问题 58 …………………………… 85	问题 92 …………………………… 136
问题 59 …………………………… 88	问题 93 …………………………… 139
问题 60 …………………………… 88	问题 94 …………………………… 139
问题 61 …………………………… 91	问题 95 …………………………… 142
问题 62 …………………………… 91	问题 96 …………………………… 142
问题 63 …………………………… 94	问题 97 …………………………… 145
问题 64 …………………………… 94	问题 98 …………………………… 145
问题 65 …………………………… 97	问题 99 …………………………… 148
问题 66 …………………………… 97	问题 100 ………………………… 148
问题 67 ………………………… 100	问题 101 ………………………… 151
问题 68 ………………………… 100	问题 102 ………………………… 151
问题 69 ………………………… 103	问题 103 ………………………… 154
问题 70 ………………………… 103	问题 104 ………………………… 154
问题 71 ………………………… 106	问题 105 ………………………… 157
问题 72 ………………………… 106	问题 106 ………………………… 157
问题 73 ………………………… 109	问题 107 ………………………… 160
问题 74 ………………………… 109	问题 108 ………………………… 160
问题 75 ………………………… 112	问题 109 ………………………… 163
问题 76 ………………………… 112	问题 110 ………………………… 163
问题 77 ………………………… 115	问题 111 ………………………… 166
问题 78 ………………………… 115	问题 112 ………………………… 166
问题 79 ………………………… 118	问题 113 ………………………… 169
问题 80 ………………………… 118	问题 114 ………………………… 169
问题 81 ………………………… 121	问题 115 ………………………… 172
问题 82 ………………………… 121	问题 116 ………………………… 172
问题 83 ………………………… 124	问题 117 ………………………… 175
问题 84 ………………………… 124	问题 118 ………………………… 175
问题 85 ………………………… 127	问题 119 ………………………… 178
问题 86 ………………………… 127	问题 120 ………………………… 178
	问题 121 ………………………… 181
	问题 122 ………………………… 181

上篇

冲段篇

问题 1 ▶▶

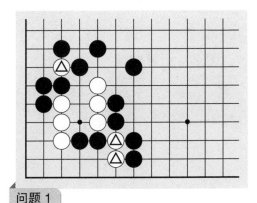

问题 1

白先。角上的白棋已经非常危险，要想活棋，只有最大限度地利用白△几子。请问白棋利用白△子活棋的手段是什么？

问题 2 ▶▶

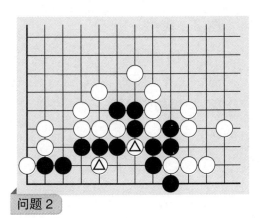

问题 2

黑先。白△二子犹如埋藏在黑阵中的定时炸弹，黑棋应巧妙避开白△的威胁而确保活棋。请问其下法是什么？

问题 1 解说

图 1 正解

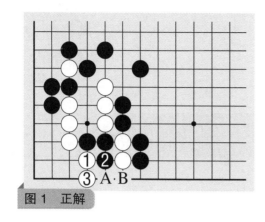
图 1 正解

白 1 扳，其后白 3 下立是活棋的出发点。黑棋的应手只有 A 或 B 两种。

图 2 正解继续

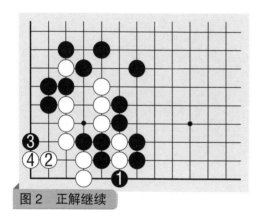
图 2 正解继续

黑 1 如果提子，白 2 虎是急所，至白 4，白棋可以活。

图 3 变化

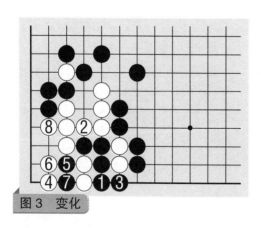
图 3 变化

黑 1 如果挡，白 2 先手利用后，白 4 是要点，以下进行至白 8，白棋同样可活。

问题2 解说

图1 正解

黑1连接是活棋的唯一方法，以下进行至黑5，黑棋可以通过巧妙的次序确保做活。

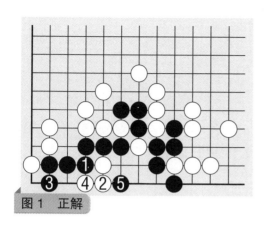

图1 正解

图2 正解继续

白1如果扑，黑2提子后，双方下成双活。

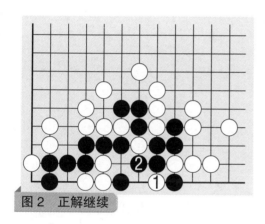

图2 正解继续

图3 失败

黑1失误，白2、4后，黑棋免不了一死。

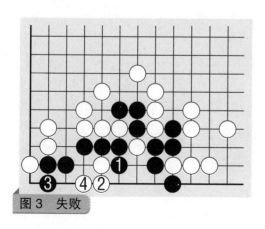

图3 失败

问题 3 ▶▶

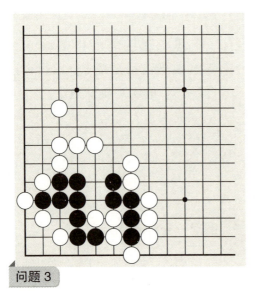

问题3

黑先。如果能正确掌握要点，发现第一手棋，解答本题并不困难。请问黑如何才能确保活棋？

问题 4 ▶▶

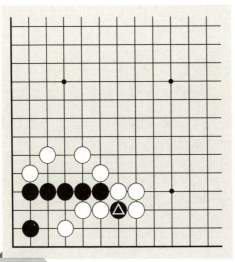

问题4

黑先。黑棋如果仅用平常的手段，很难做出两个眼，如何利用黑△子是解决问题的关键。请问黑棋应如何下？

问题 3 解说

图 1 正解

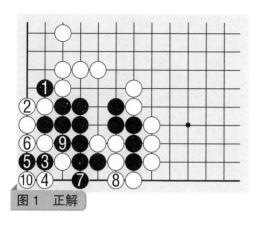
图 1 正解

黑 1 打吃，其后黑 3 嵌是正确的次序。白 4、6 虽是最强手，但黑 7 可以先手利用，于是在角上便有文章可做。

图 2 正解继续

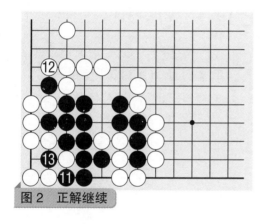
图 2 正解继续

黑 11 打吃非常重要，白 12 打吃时，黑 13 提子；黑棋可成功做活。

图 3 变化

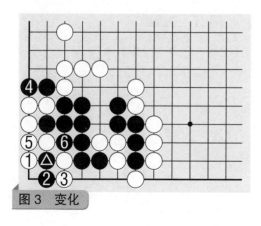
图 3 变化

黑△嵌时，白 1、3 是另一种抵抗手段，但以下进行至黑 6，白棋明显无理。

问题4 解说

图1 正解

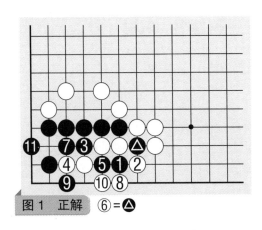

图1 正解 ⑥=△

黑1扳是活棋的唯一方法，以下至黑11，黑明显活棋。

图2 变化

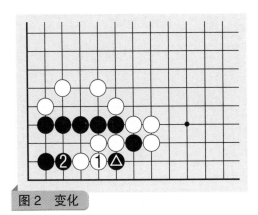

图2 变化

黑△时，白1如果顶住，则黑2也顶，黑棋可以简单做活。

图3 失败

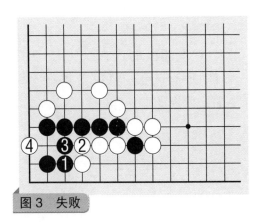

图3 失败

黑1先顶次序错误，白2连接是急所，至白4，黑棋净死。

问题 5

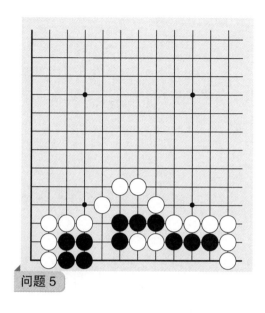

黑先。黑棋如果考虑过于简单，肯定会失败。在本题中，仅用平常的手段已不能确保两眼，必须要有奇特的构想。请问黑棋应如何下？

问题 5

问题 6

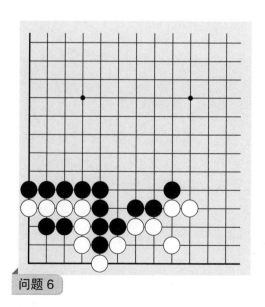

黑先。黑棋能否救出被白棋围困的黑二子？只有利用巧妙的次序才可能成功，下成打劫即是胜利。

问题 6

问题5 解说

图1 正解

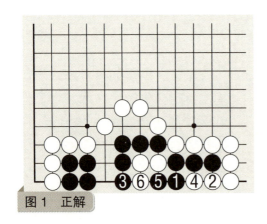

黑1下立是活棋的唯一方法,以下进行至白6,黑棋利用弃子是要领。

图2 正解继续

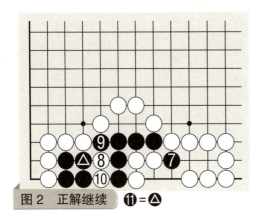

⑪=△

黑7打吃,可以吃回白三子,白8时,黑9断,白10提子,黑11又可以吃回二子,结果黑棋净活。

图3 失败

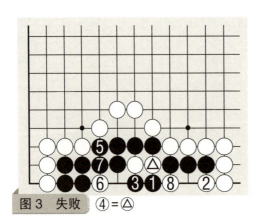

④=△

黑1、3打拔白二子错误,白4扑是急所,以下进行至白8,结果黑棋净死。

问题6 解说

图1 正解

黑1打吃，其后黑3扑是妙手，接着黑5靠非常巧妙，后续变化见图2。

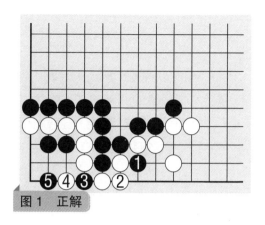

图1 正解

图2 正解继续

白6只好打吃，但以下进行至黑9，黑棋净活。

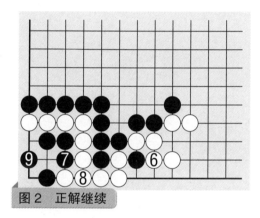

图2 正解继续

图3 打劫

黑▲靠时，白1打吃，黑2可以做劫，但这个劫对黑棋来说无疑是无忧劫。

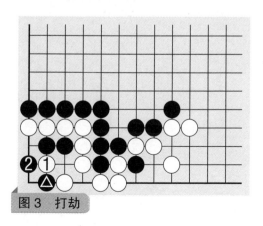

图3 打劫

问题 7 ▶▶

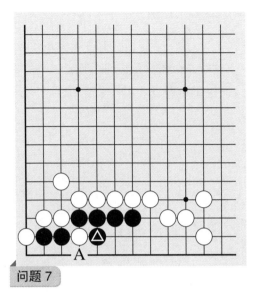

白先。黑▲打吃白一子，但实际上黑▲的打吃存在重大失误，应在 A 位打吃才是正确的。请问白棋如何惩罚黑棋的失误？

问题 8 ▶▶

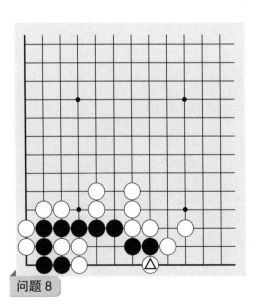

黑先。白△扳压缩黑棋空间时，黑棋从棋形来看活棋似乎已无希望。请问黑棋如何才能做活？

问题 7 解说

图 1 正解

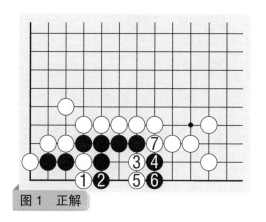

图 1 正解

白 1 下立，黑 2 时，白 3 是好次序，其后黑 4 扳，白 5 下立又是好棋，至白 7，白棋可以利用黑棋不入气而吃住黑棋。

图 2 变化

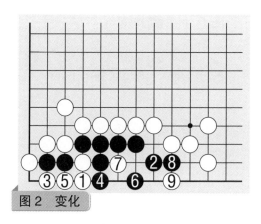

图 2 变化

白 1 时，黑 2 如果进行抵抗，白 3 以下进行至白 9，黑棋的抵抗未见任何效果。

图 3 失败

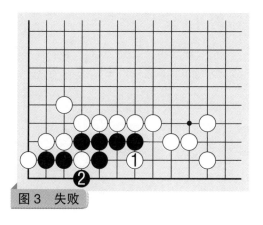

图 3 失败

白 1 次序错误，黑 2 提子后，白棋已无任何手段。

问题 8 解说

图 1 正解

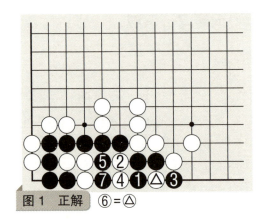

图 1 正解　⑥=△

黑1打吃白△一子，白2、4反打，黑5打吃时，白6提子，至黑7均是双方必然的次序，后续变化见图2。

图 2 正解继续

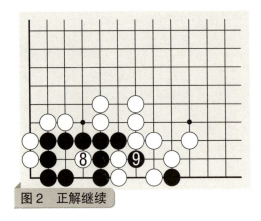

图 2 正解继续

白8点眼的话，黑9可以吃白接不归，结果黑棋可以活。

图 3 变化

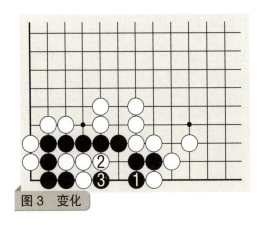

图 3 变化

黑1时，白2试图破眼，黑3扑是巧妙的下法，结果黑棋仍然可活。

问题 9

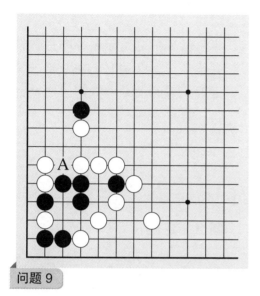

问题 9

白先。白棋考虑黑在 A 位的冲击是理所当然的，但只要经过沉着冷静的计算，完全可以轻松解决问题。请问白棋无条件吃住黑棋的要点在哪里？

问题 10

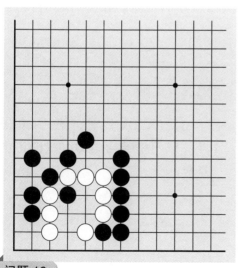

问题 10

黑先。从棋形上看，黑棋似乎对白棋无可奈何，故实战中很多人或许会轻易放弃。但通过仔细分析，可知白棋存在着致命的弱点。请问黑棋应如何下？

问题9 解说

图1 正解

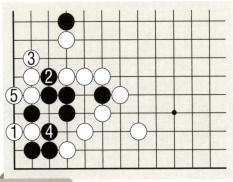

图1 正解

白1下立是无条件吃住黑棋的要点，黑2冲时，白3退非常重要，至白5，白棋可以成功联络，黑棋必死。

图2 变化

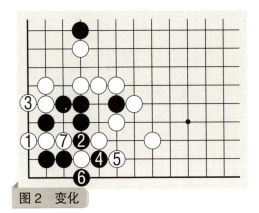

图2 变化

白1时，黑2带有一定的迷惑性，白3应对沉着，以下黑6提子时，白7卡眼，黑棋没有两只眼。

图3 失败

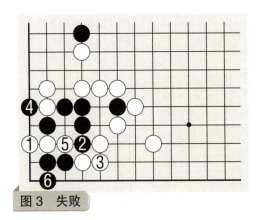

图3 失败

白1、黑2时，白3如果接，以下进行至黑6，白棋正中圈套。

问题 10 解说

图 1 正解

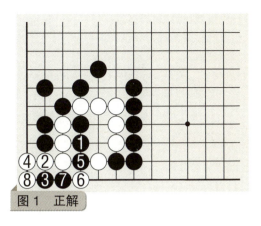

图 1 正解

黑 1 长、白 2 拐均是必然的进行，其后黑 3 夹是好棋，白 4 必须立下，此时黑 5、7 是正确的次序，后续变化见图 2。

图 2 正解继续

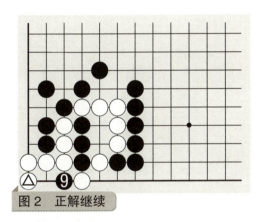

图 2 正解继续

白△提去黑二子时，黑 9 扑可以成立，白棋接不归。

图 3 失败

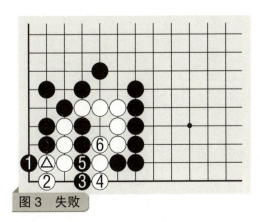

图 3 失败

白△时，黑 1 扳错误，以下进行至白 6，白棋可以活。

问题 11 ▶

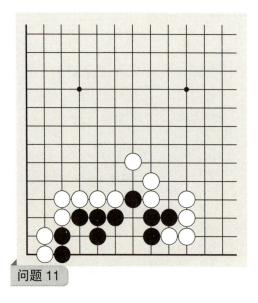

问题 11

白先。本题的问题虽然比较简单,但白棋若掉以轻心,很可能会失败。请问白棋应如何下?第一手棋非常重要。

问题 12 ▶

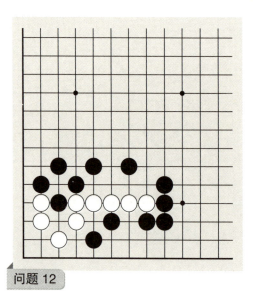

问题 12

白先。角上白棋本身没有两个眼,要活棋,只有攻击黑棋的弱点。请问白棋应如何下?

问题 11 解说

图 1 正解

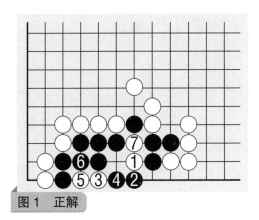
图 1 正解

白 1 问黑棋的应手，黑 2 扳进行抵抗，但白 3、5 是正确的攻击次序，至白 7，黑棋净死。

图 2 变化

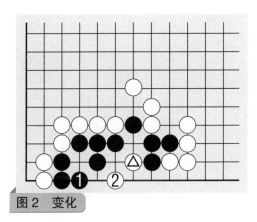
图 2 变化

白△时，黑 1 如果做眼，白 2 尖是连贯的手段，黑棋仍不活。

图 3 失败

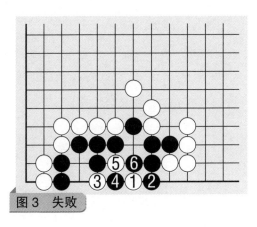
图 3 失败

白 1、3 虽然也不失为一种下法，但由于有黑 4、6 的手段，白棋失败。

问题 12 解说

图 1 正解

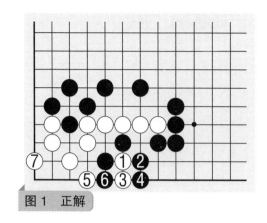
图 1 正解

白 1 嵌，诱使黑 2 打吃，其后白 3 下立是极其重要的准备工作。接着黑 4 打吃，白 5 则可以先手利用，白 7 再抢占要点，结果白棋可活。

图 2 变化

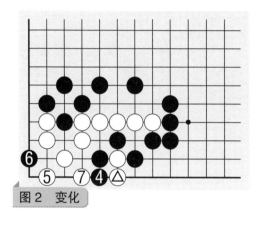
图 2 变化

白△立时，如果黑 4 打吃白二子，白 5、7 则是好次序，白棋同样可以活。

图 3 失败

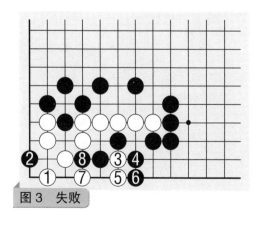
图 3 失败

白棋不做任何前期准备工作，直接下白 1 是次序错误，以下进行至黑 8，白棋不活。

问题 13

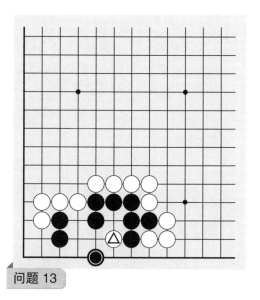

白先。白△攻击黑棋时,黑●单跳谋求做活,白棋应如何不受棋形的束缚,而无条件地吃住全部黑棋呢?

问题 13

问题 14

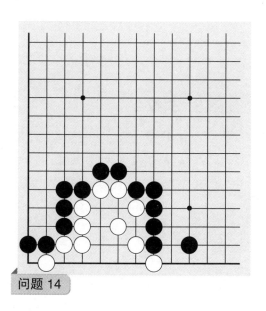

黑先。在本题中黑棋取得一定利益很容易,但我们的要求是无条件地吃住全部白棋。请问黑棋应如何下?

问题 14

问题 13 解说

图 1 正解

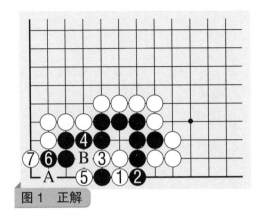

图 1 正解

白 1 下立，黑 2 时，白 3 打吃很重要，其后黑 4、6 最大限度地扩展时，白 7 扳，其后白棋在 A 位或 B 位必居其一，结果黑棋净死。

图 2 失败 1

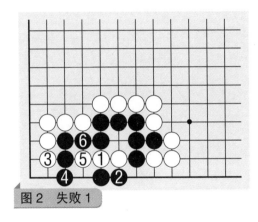

图 2 失败 1

白 1 单长是错失要点的下法，至黑 6，双方下成双活。

图 3 失败 2

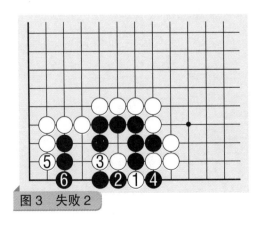

图 3 失败 2

白 1 渡过，黑 2、4、6 应后，结果与图 2 大同小异，双方也下成双活。

问题 14 解说

图 1 正解

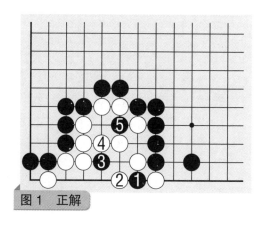
图 1 正解

黑 1 扑，白 2 提子时，黑 3 点是非常精彩的次序，至黑 5，白棋净死。

图 2 变化 1

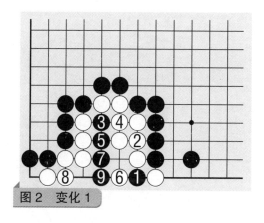
图 2 变化 1

黑 1 时，白 2 进行抵抗，但黑 3、5 打吃是好次序，白棋仍免不了一死。以下进行至黑 9，白棋两侧都不入气。

图 3 变化 2

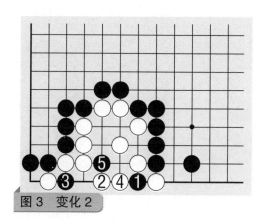
图 3 变化 2

黑 1 时，白 2、4 进行抵抗，但黑 3、5 后，白棋仍不活。

问题 15

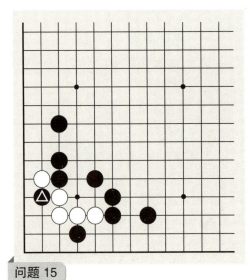

黑先。黑棋如能充分利用黑△一子，肯定会有好结果。请问黑棋应如何下？

问题 15

问题 16

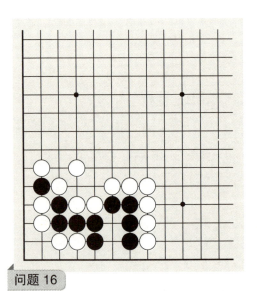

黑先。本题中黑棋的第一手棋并不难发现，问题是其后续手段。请问黑如何才能确保活棋？

问题 16

问题 15 解说

图 1 正解

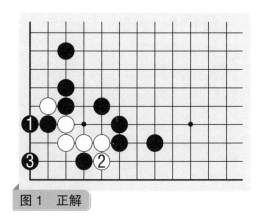

图 1 正解

黑 1 下立是不易发现的手筋，白 2 拐下时，黑 3 单跳，白棋已明显不活。

图 2 变化

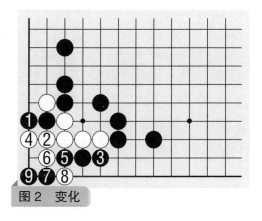

图 2 变化

黑 1 下立时，如果白 2 应，黑 3 再渡过，以下至白 8 均是必然的，其后黑 9 往里长，白棋仍不活。

图 3 失败

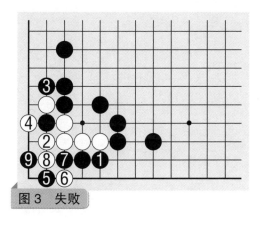

图 3 失败

黑 1 渡过是俗手，白 2 以下进行至黑 9，结果双方下成打劫。

问题 16 解说

图 1 正解

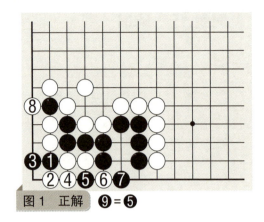

图 1 正解 ⑨=❺

黑 1 先断是唯一可行的下法，白 2 打吃后，白 4 连接，但黑 5 扑是妙手，以下进行至黑 9，双方下成打劫。

图 2 变化

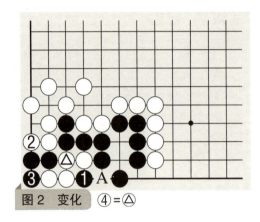

图 2 变化 ④=△

黑 1 提劫时，白 2 反打错误，白 4 虽可吃回黑三子，但由于 A 位可以成为黑棋的第二只眼，白棋失败。

图 3 失败

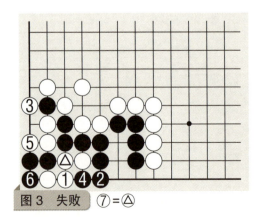

图 3 失败 ⑦=△

正解中白 1 时，黑 2 紧气是大恶手，以下进行至白 7，黑无条件死棋。

问题 17

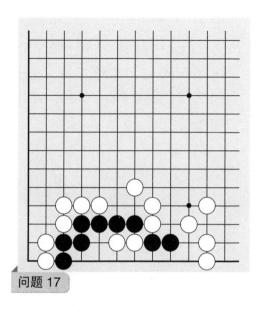

白先。本题中由于黑棋的回旋余地不大,因此白棋应该比较容易地解决问题。请问白棋应如何下?第一手棋是关键。

问题 17

问题 18

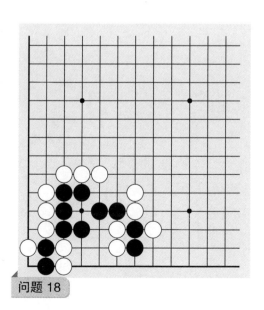

黑先。黑棋本身只有一只眼,如果要活棋,只有吃住一处白棋。请问黑棋应如何下?

问题 18

问题 17 解说

图 1 正解

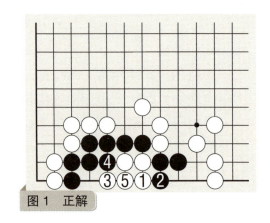
图 1 正解

白 1 下成空三角的愚形，棋形虽然难看，却很实用。黑 2 如果挡，白 3、5 进行后，黑棋净死。

图 2 变化

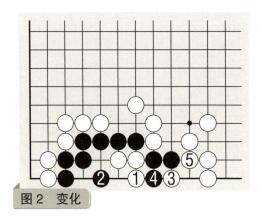
图 2 变化

黑 2 如果首先做成一眼，则白 3 是对攻的急所，至白 5，白棋胜利。

图 3 失败

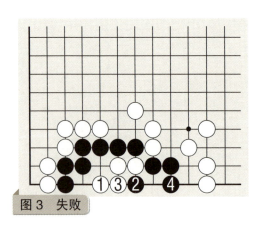
图 3 失败

白 1 尖看似急所，但黑棋有 2、4 的抵抗手段，结果双方下成打劫。

问题18 解说

图1 正解

黑1扳头是活棋的唯一方法，白2、4虽是最强手，但由于黑5、7绝妙，黑棋可以吃住一处白棋。

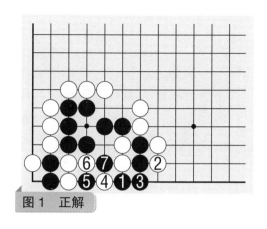

图1 正解

图2 失败1

黑1先打吃，其后黑3扳是次序错误，以下进行至白8，黑棋难免一死。

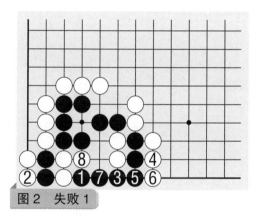

图2 失败1

图3 失败2

黑1拐头是准备放弃的下法，白2联络后，整块黑棋都已成为白棋的俘虏。

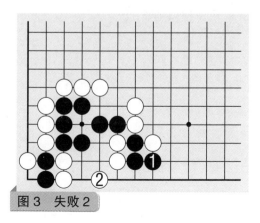

图3 失败2

问题 19 ▶

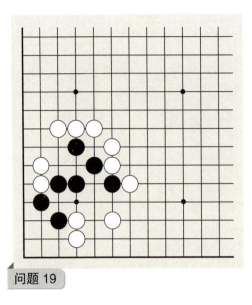

问题 19

黑先。本题中的黑棋没有一个完整的眼，但只要把握正确的行棋次序，活棋并不难。请问黑棋应如何下？

问题 20 ▶

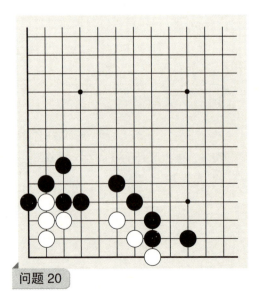

问题 20

黑先。本题是实战中经常出现的问题。黑棋可以通过攻击白棋的弱点而取得最大的利益。请问黑棋应如何下？

问题 19 解说

图 1 正解

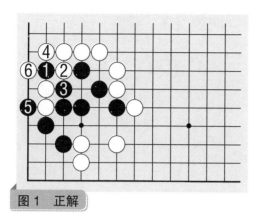

图1 正解

黑1至黑5先手利用,是活棋的准备工作。

图 2 正解继续

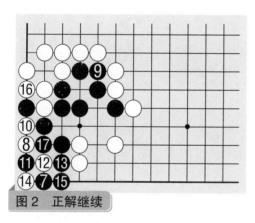

图2 正解继续

黑7抢占要点,白8、10虽全力抵抗,但黑11、13是好棋,以下进行至黑17,黑棋净活。

图 3 失败

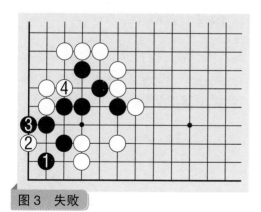

图3 失败

黑1尖错误,白2、4后,黑棋净死。

问题 20 解说

图 1 正解

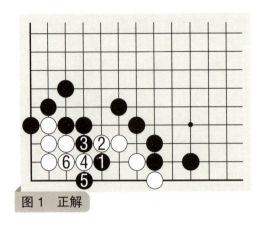

图 1 正解

黑 1 是棋形上的要点，也是本题的正解。白 2、4 断虽很具气势，却是过分的下法，其后黑 5、白 6 是必然的，后续变化见图 2。

图 2 正解继续

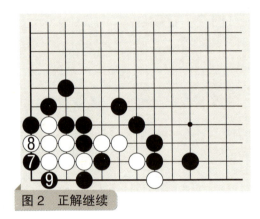

图 2 正解继续

黑 7 是好棋，白 8 切断时，黑 9 可以做劫。

图 3 变化

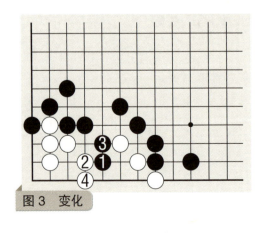

图 3 变化

黑 1 时，白棋如果劫材不足，白 2、4 退是明智的选择。结果黑棋可以先手得利。

问题 21

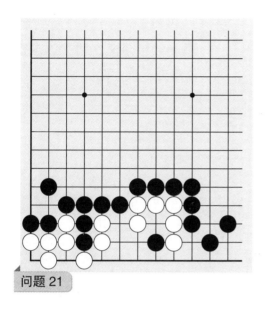

问题 21

黑先。白棋的空间不大，看起来问题可能会简单，但事实却相反。请问黑棋应如何下？其中次序非常重要，如果下成打劫即可以说成功。

问题 22

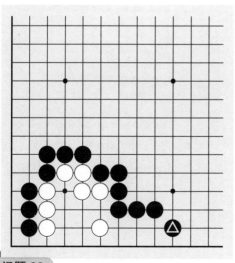

问题 22

黑先。本题如果仅用平常的手段，黑棋很可能会失败。那么请问黑棋应如何下？其中第一手棋很重要，而如何利用黑△一子是解决问题的关键。

问题21 解说

图1 正解

黑1点是急所，白2以下至黑7，双方下成打劫。

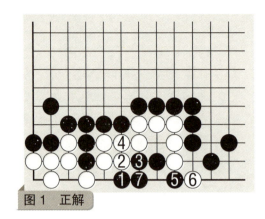

图1 正解

图2 变化

正解中的黑1时，白2连接是疑问手，黑3以下至黑9，双方下成打劫。但此变化黑棋是先手劫，白棋的应法不如正解。

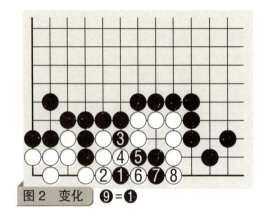

图2 变化　❾=❶

图3 失败

黑1、3冲，看起来可以轻松解决问题，但白2、4后，黑棋不能如愿。

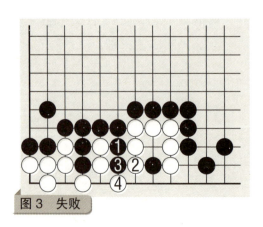

图3 失败

问题 22 解说

图 1 正解

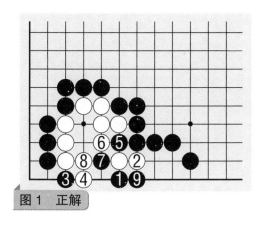

图 1 正解

黑 1 问白棋的应手很巧妙，白 2 如果冲，黑 3、5、7 是好次序，行至黑 9，黑棋可以吃住白棋。

图 2 变化 1

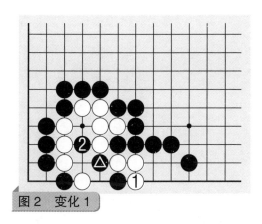

图 2 变化 1

黑△断时，白 1 如果打吃，黑 2 也打吃，白棋接不归。

图 3 变化 2

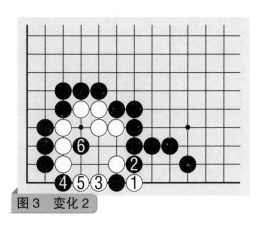

图 3 变化 2

正解中白 2 如改为本图中白 1 打吃，则黑 2 断，白 3 以下至黑 6，白棋也是死棋。

问题 23 ▶▶

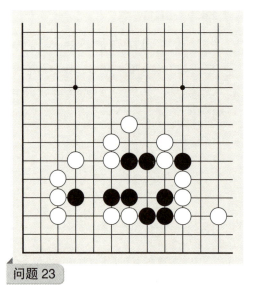

问题 23

黑先。黑棋如果要做成两个眼活棋,需要相当精确的计算,并且还要充分利用周围的棋子。请问黑棋应如何下?

问题 24 ▶▶

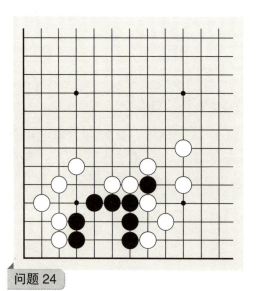

问题 24

黑先。本题中的黑棋自身并不活,对右侧白棋断点的利用是关键。请问黑棋应如何下?

问题 23 解说

图1 正解

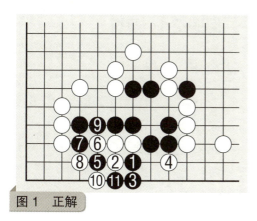

图1 正解

黑1、3是针对白棋弱点而准备的手段,其后白4扳,黑5、7可以滚包白棋,以下进行至黑11,黑棋净活。

图2 变化1

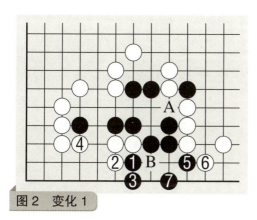

图2 变化1

黑1、3时,白4如果挡,黑5、7是正确的次序,其后黑棋只要在A位或B位中居其一,即可活棋。

图3 变化2

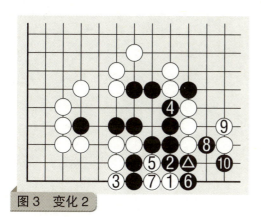

图3 变化2

黑△扳时,白1、3虽是强攻的下法,但黑4以下至黑10进行后,黑棋可以利用白棋的弱点而活棋。

问题 24 解说

图 1 正解

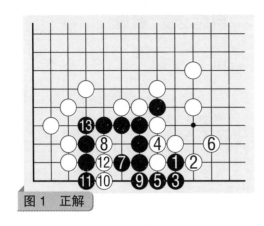

图 1 正解

黑 1 嵌，白 2 时，黑 3 下立是必要的准备工作。其后白 4 如果连接，黑 5 先手利用非常舒服，黑 7 以下进行至黑 13，黑棋可下成双活。

图 2 变化

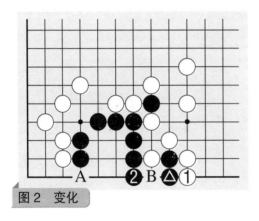

图 2 变化

黑▲时，白 1 如果打吃，黑 2 下立则是活棋的急所，以后黑棋只要在 A 位或 B 位中居其一即可活棋。

图 3 失败

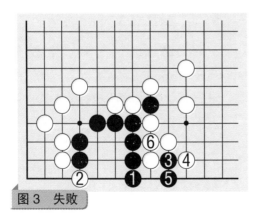

图 3 失败

黑 1 下立是错误的下法，白 2 以下进行至白 6，黑棋无法做成两个眼。

问题 25

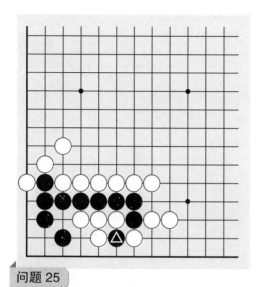

黑先。角上黑棋已处于非常之险境,如要摆脱困境,必须有效地利用黑△一子。请问黑棋应如何下?

问题 26

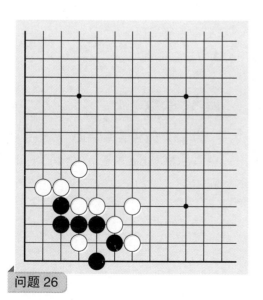

黑先。黑棋如果仅以平常的手法来应付,肯定免不了死棋,只有付出一点牺牲,方能解决问题。请问黑棋应如何下?

问题 25 解说

图 1 正解

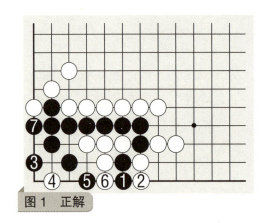

图1 正解

黑1下立非常重要，白2打时，黑3以下进行至黑7，结果黑棋可以活。

图 2 变化

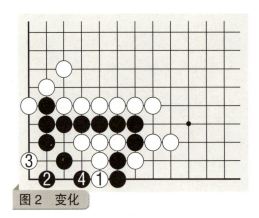

图2 变化

白1如果直接从左侧打吃黑二子，黑2做眼是正确的方向，至黑4，黑棋可以活。

图 3 失败

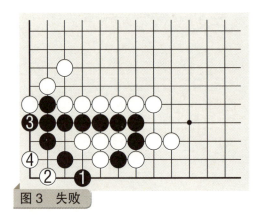

图3 失败

黑1先尖错误，以下进行至白4，黑棋最多下成盘角曲四，死棋。

问题 26 解说

图 1 正解

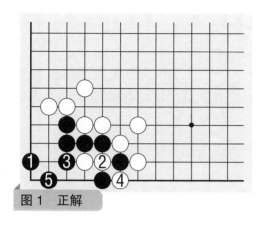

图 1 正解

黑 1 抢占要点是正确的下法，白 2 如果打吃，以下进行至黑 5，黑棋可以通过牺牲二子来做活。

图 2 变化

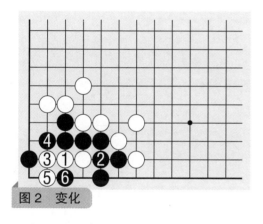

图 2 变化

白 1 破眼，意在吃整块黑棋，但以后黑 6 扑入是好棋，结果白棋大损。

图 3 失败

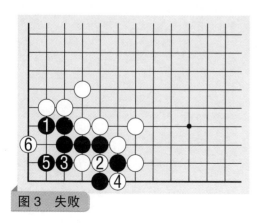

图 3 失败

黑 1 挡，被白 2、4、6 攻击后，黑棋净死。

问题 27

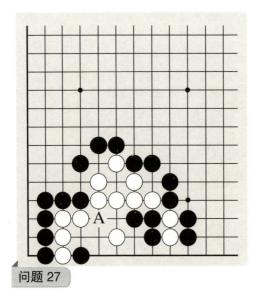

问题 27

白先。A 位断点是白棋的重大缺陷。请问白棋如何下才能有效地既防 A 位断点又确保活棋？

问题 28

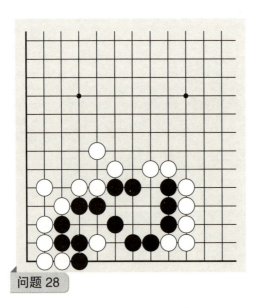

问题 28

白先。白棋要吃住整块黑棋非常困难。请问白棋应如何最大限度地压缩黑棋？第一手棋非常重要。

问题 27 解说

图 1 正解

白 1 贴是有效防止黑在 3 位打吃的急所，以下进行至白 5，白棋可以活。

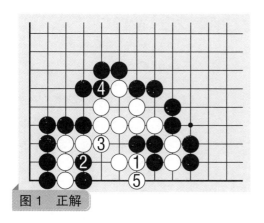

图 1 正解

图 2 变化

白 1 时，黑 2 如果提子，白 3、5 是活棋的要领，白棋可以活。

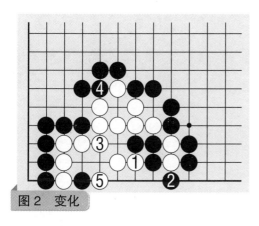

图 2 变化

图 3 失败

白 1 先尖次序错误，以下进行至黑 6，白明显是死棋。

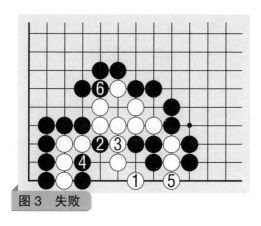

图 3 失败

问题 28 解说

图 1　正解

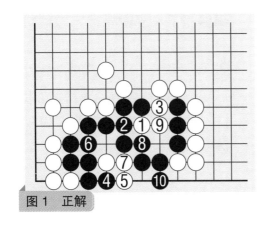

图1　正解

白1是位于黑棋三子中央的急所，黑2不得已连接，白3以下至黑10，白棋可以先手下成双活。

图 2　变化 1

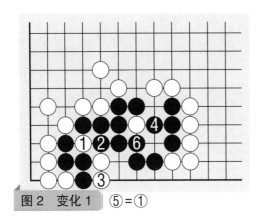

图2　变化1　⑤=①

白1、3、5可先手提掉黑棋四子，黑4、6为了活棋，不得已只好后退。

图 3　变化 2

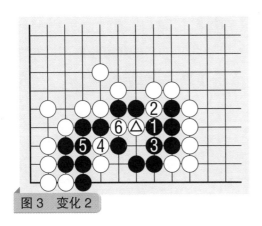

图3　变化2

白△时，黑1不成立，白2以下至白6，黑棋全军覆没。

问题 29

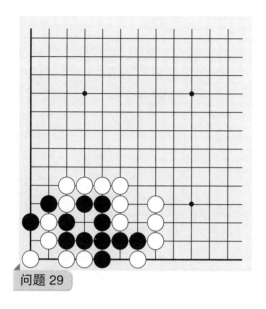

问题 29

黑先。黑棋如果仅用平常的手段不可能做出两个眼，而应运用"倒脱靴"的手段并做劫。请问黑棋应如何下？

问题 30

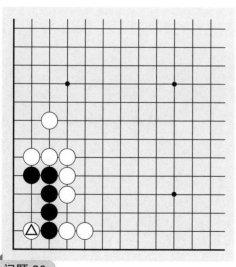

问题 30

黑先。白△一子位于非常重要的位置，因此角上黑棋已非常危险。但只要黑棋能沉着应对，完全可以活棋。请问黑棋应如何下？对黑棋来说，下成打劫就意味着失败。

问题 29 解说

图 1 正解

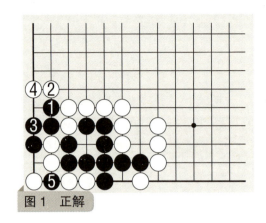

图 1 正解

黑 1、3 是巧妙的下法，至白 4 均是绝对的进行，黑 5 提白二子，后续变化见图 2。

图 2 正解继续 1

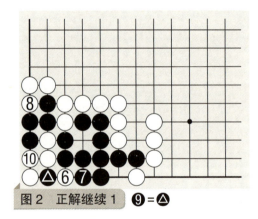

图 2 正解继续 1　❾ = ▲

白 6 打二还一，黑 7 以下至白 10 均是双方必然的下法，后续变化再见图 3。

图 3 正解继续 2

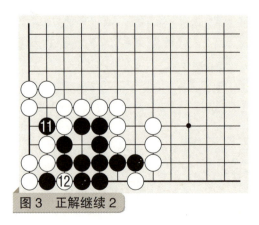

图 3 正解继续 2

白棋提去黑四子以后，黑 11 打吃，白 12 提子，双方下成打劫。

问题 30 解说

图 1 正解

黑 1 扳，白 2 时，黑 3 是妙手，其后白 4 打吃，黑 5 多送一子非常巧妙，白 6 只能提。

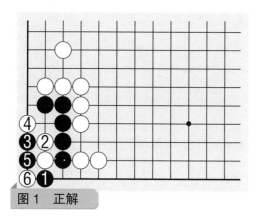

图 1 正解

图 2 正解继续

黑 7 则打二还一，以后黑只要在 A 位或 B 位中居其一即可活棋。

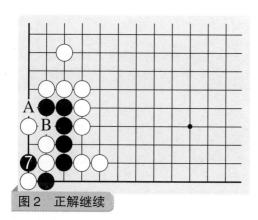

图 2 正解继续

图 3 失败

黑 1 扳是错误的下法，被白 2、4 应后，双方下成打劫。

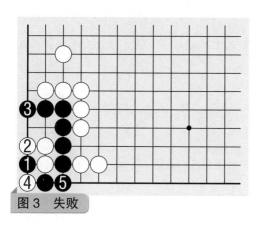

图 3 失败

问题 31

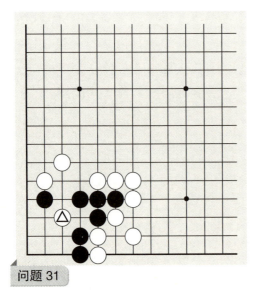

问题 31

黑先。白△一子处在重要的位置,从棋形来分析,黑很难活棋。但黑棋却有意想不到的手段。请问黑棋应如何下?

问题 32

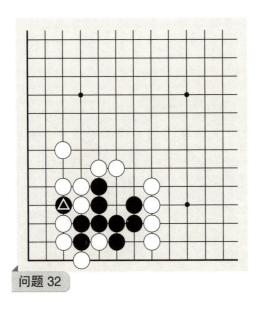

问题 32

黑先。本题黑棋的棋形是上下各后手一只眼,但若能利用好黑△一子,上述情况会发生变化。请问黑棋应如何下?

问题 31 解说

图 1 正解

黑 1 连接是唯一的下法，白 2 时，黑 3 绝妙，其后白 4 断，黑 5 抢占要点，黑棋可以活。

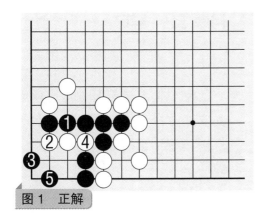

图 2 变化

黑 1 时，白 2、4 如寻求变化，黑 5 同样是急所，结果黑棋也能活。

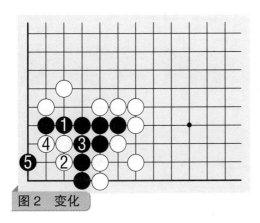

图 3 失败

黑 1、白 2 时，黑 3 扳错误，白 4、6 后，黑棋难免一死。

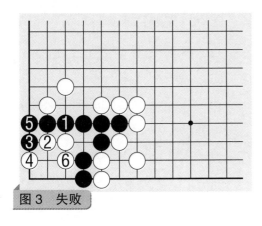

问题32 解说

图1 正解

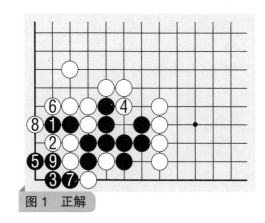

图1 正解

黑1长,其后黑3点是绝妙的次序,白4破眼时,黑5尖是好棋,以下进行至黑9,黑棋可做活。

图2 变化

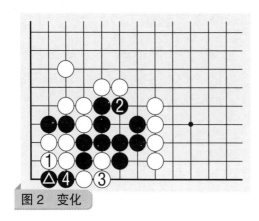

图2 变化

黑▲点时,白1、3进行抵抗,但黑2、4后,黑棋仍可活。

图3 失败

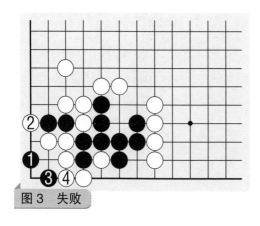

图3 失败

黑1、3次序错误,白2、4后,黑棋不行。

问题 33

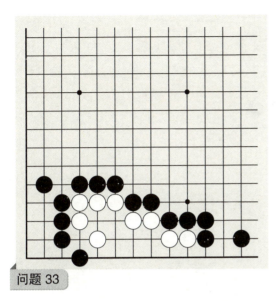

黑先。黑棋只有通过精心谋划才能解决问题。请问黑棋应以什么样的行棋次序去吃白棋？

问题 34

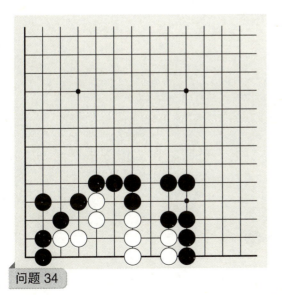

黑先。黑棋在攻击白棋时，应充分考虑到右边白棋尚有一眼。请问黑棋的攻击应从何处着手？

问题 33 解说

图1 正解

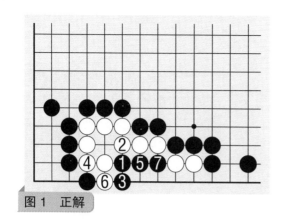

黑1靠入，白2时，黑3下立是正确的次序。白4时，黑5下成空三角的棋形，至黑7，黑棋利用白棋气紧的弱点而成功。

图2 变化

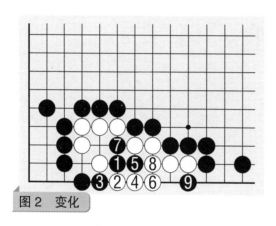

黑1时，白2如果扳，黑3、5、7是非常好的次序，至黑9，白棋净死。

图3 失败

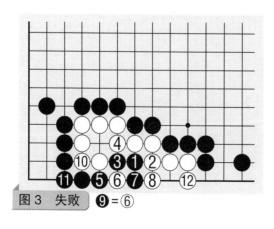

黑1错误，白2时，黑3破眼，白4以下进行至白12，白棋可以轻松做活。

问题 34 解说

图 1 正解

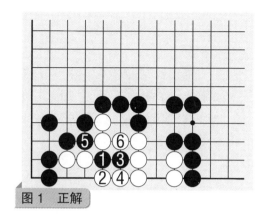

图 1 正解

黑 1 是棋形上的急所，也是手筋，白 2 如果打吃，黑 3、5 是正确的次序，后续变化见图 2。

图 2 正解继续

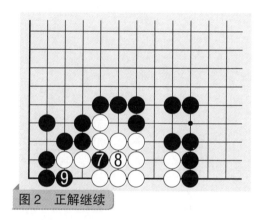

图 2 正解继续

黑 7 扑是最后的一击，结果白棋做不成两只眼。

图 3 变化

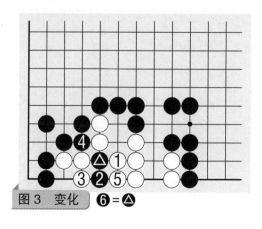

图 3 变化　❻=▲

黑▲时，白 1、3 打吃，黑 2、4、6 攻击后，白棋仍死。

问题 35

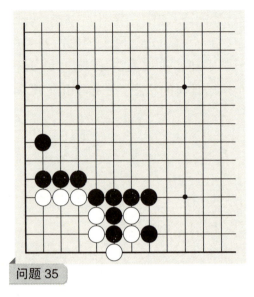

问题 35

黑先。黑棋看起来可以很容易地吃住白棋，实际上却远非如此。请问黑棋应如何下？注意行棋次序非常重要。

问题 36

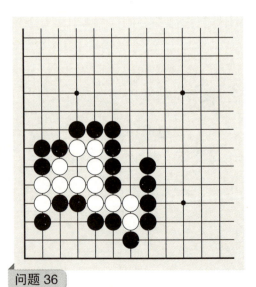

问题 36

白先。本题中黑棋存在很多断点，看起来白活棋应不成问题。但如果白行棋次序有误，也不能成功。请问白棋正确的行棋次序是什么？

问题 35 解说

图 1 正解

黑 1 断，首先与白 2 进行交换是非常重要的次序，接着黑 3、5 是决定性的攻击，以后黑棋在 A 位和 B 位中必居其一，黑棋可以吃住白棋。

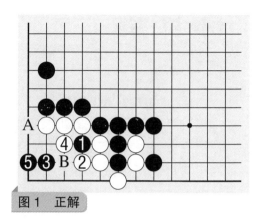

图 1 正解

图 2 变化

黑△时，白 1 如果进行抵抗，黑 2 同样下立，其后黑棋在 A 位和 B 位中必居其一，白棋仍死。

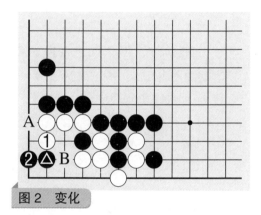

图 2 变化

图 3 失败

黑 1 先点是受棋形束缚的下法，白 2 应后，白棋可以活。

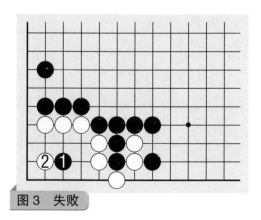

图 3 失败

问题 36 解说

图 1 正解

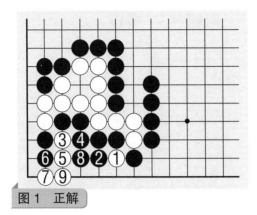

图 1 正解

白 1 先断问黑棋的应手，是活棋的准备工作。黑 2 如果打吃白一子，白 3 以下进行至白 9，白棋可以利用黑棋的不入气而吃住角上黑二子。

图 2 变化

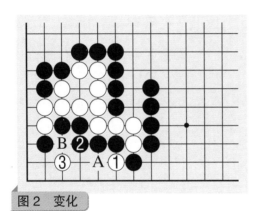

图 2 变化

白 1 时，黑 2 如果连接，白 3 则点在筋上，其后黑 A 时，白 B 断，白棋仍可活。

图 3 失败

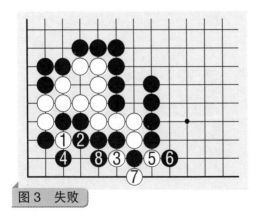

图 3 失败

白 1 断错了地方，黑 2、4 是强有力的反击手段，白棋不活。

问题 37

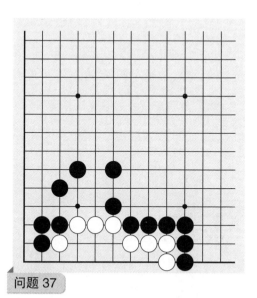

问题 37

黑先。本题是在考察计算能力。黑棋怎样下才能避免下成打劫或双活？黑棋应无条件吃住白棋。

问题 38

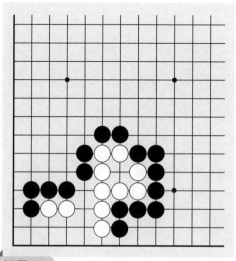

问题 38

黑先。白棋在上方已有一眼，而且下边也有眼形。请问黑棋如何才能不让白棋在下方成眼？

问题 37 解说

图 1 正解

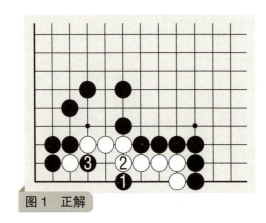
图 1 正解

黑 1 正确，白 2 如果连接，黑 3 简单打吃后，即可吃住白棋。

图 2 变化

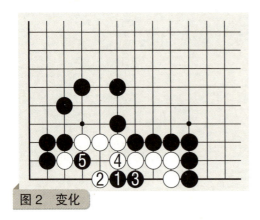
图 2 变化

黑 1 时，白 2 进行抵抗，黑 3 破眼是好棋，至黑 5，黑棋仍可吃住白棋。

图 3 失败

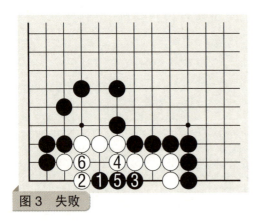
图 3 失败

黑 1 看似急所，但以下进行至白 6，白棋可以下成双活。其中，白 6 连接是避免下成打劫的要着。

问题 38 解说

图 1 正解

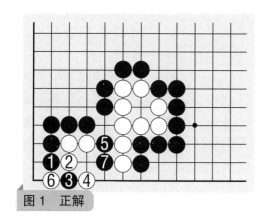

图 1 正解

黑 1 下立是稳健的好棋，白 2 如果挡，黑 3、5 是很好的次序，至黑 7，白棋净死。

图 2 变化

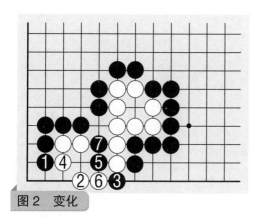

图 2 变化

黑 1 时，白 2 虽进行抵抗，但黑 3、5 迫使白棋就范，最后黑 7 利用白棋不入气而成功。

图 3 失败

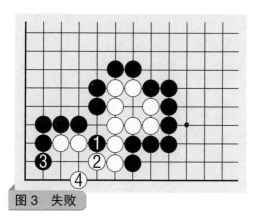

图 3 失败

黑 1 挖，其后黑 3 下立次序错误，至白 4，白可以活棋。

问题 39

黑先。A位虽是黑棋的弱点,但黑棋仍不应轻易放弃对白棋的攻击,只要行棋次序正确,黑棋可以下成劫杀。请问黑棋怎样下?

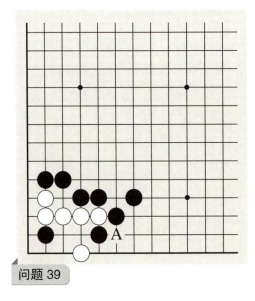

问题 39

问题 40

白先。本题看似简单,但轻敌是大忌。请问白棋应如何攻击黑棋?

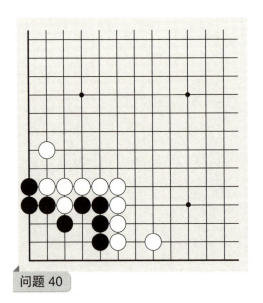

问题 40

问题 39 解说

图 1 正解

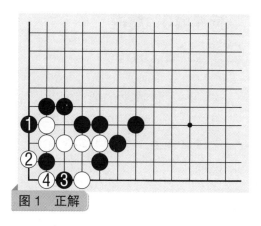
图 1 正解

黑 1 扳是出发点，白 2 扳时，黑 3 尖巧妙，至白 4，双方下成打劫。

图 2 变化

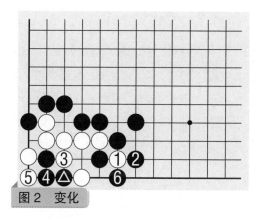
图 2 变化

黑▲时，白 1 断、3 打无谋，以下进行至黑 6，白棋净死。

图 3 失败

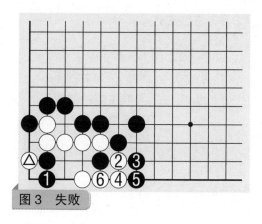
图 3 失败

白▲时，黑 1 下立错误，以下进行至白 6，白棋净活。

问题40 解说

图1 正解

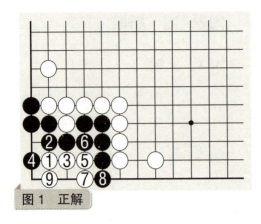
图1 正解

白1是攻击的要点，黑2如果连上，白3、5、7是正确次序，至白9，下成有眼杀无眼的棋形。

图2 变化

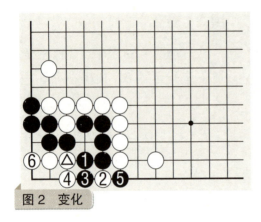
图2 变化

白△时，黑1如果进行抵抗，白2、4、6则是准备好的下法，结果白棋仍然下成有眼杀无眼的棋形。

图3 失败

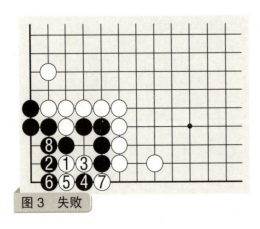
图3 失败

白1看似急所，但黑2、4、6进行后，黑可以部分活棋。

问题 41 ▶

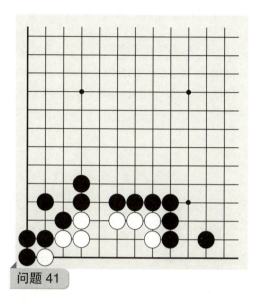

问题 41

白先。白棋的空间不大，正确答案并非那么容易找到。白棋应该反复斟酌，然后再做决定。请问白棋应如何下？

问题 42 ▶

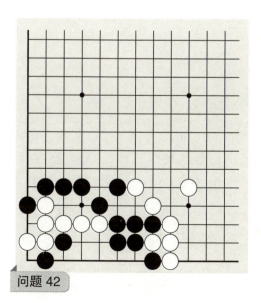

问题 42

白先。本题中的白棋只有最大限度地利用黑棋的断点才能做活，而双方下成打劫即告成功。请问白棋应如何下？

问题 41 解说

图 1 正解

白 1 虎极具弹性，也是本题的正解。黑 2 如果点，白 3 连接则是稳健的好棋，以下进行至白 7，双方下成双活。

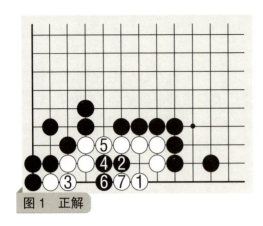
图 1 正解

图 2 失败 1

白 1 跳补也是一种感觉，但黑 2 提子后，白棋净死。

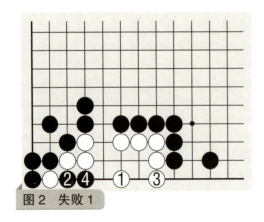
图 2 失败 1

图 3 失败 2

白 1 连接，黑 2、4、6 是极好的破眼次序，至黑 8，白棋由于两侧都不入气，只好束手就擒。

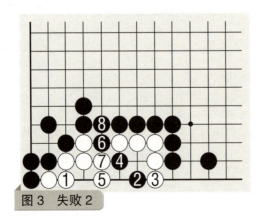
图 3 失败 2

问题 42 解说

图 1 正解

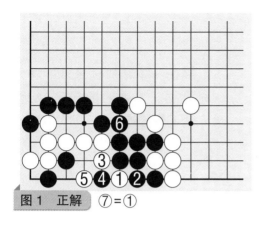

图 1 正解　⑦=①

白 1 是解决问题的唯一方法，也是本题的正解。黑 2 连接后，黑 4、6 虽是最佳的破眼次序，但至白 7，白棋可以下成打劫活。

图 2 变化

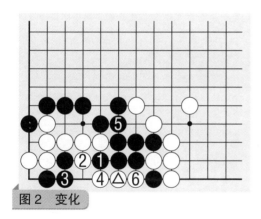

图 2 变化

白△时，黑 1 如果冲，白 2、4、6 之后，白棋成功联络。

图 3 失败

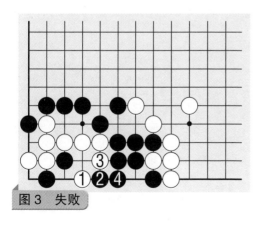

图 3 失败

白 1 单跳，看似手筋，但黑 2、4 简单破眼后，白棋净死。

问题 43

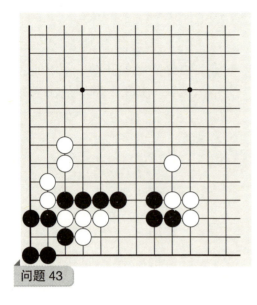

黑先。本题初看黑棋可以有眼杀无眼，但实际上并非如此简单。请问黑棋应如何下？

问题 43

问题 44

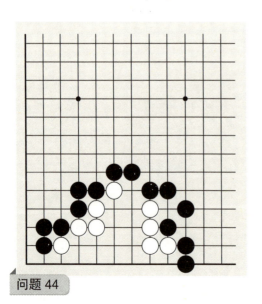

黑先。在本题中黑棋应如何攻击白棋？第一手棋是关键。

问题 44

问题43 解说

图1 正解

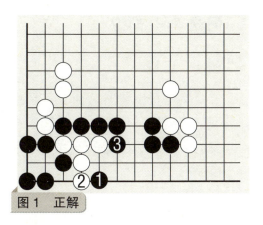

图1 正解

黑1是手筋，也是真正能实现有眼杀无眼的下法。

图2 失败1

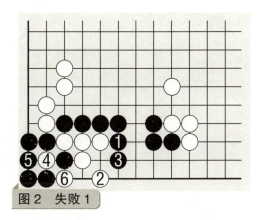

图2 失败1

黑1时，白2倒虎很妙，以下进行至白6，双方下成打劫。

图3 失败2

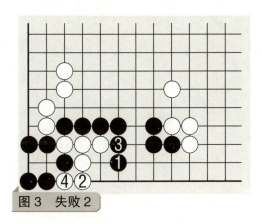

图3 失败2

黑1单跳是一步没有用的棋，白2、4进行后，黑棋无条件被杀。

问题 44 解说

图 1 正解

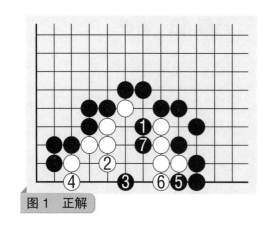

图 1 正解

黑 1 扳是急所，白 2 虽是最顽强的抵抗，但黑 3 破眼又是连贯的好手，以下进行至黑 7，白棋净死。

图 2 变化

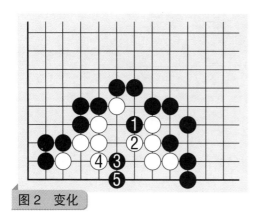

图 2 变化

黑 1 扳时，白 2 如挡住，黑 3、5 后，白棋仍然不活。

图 3 失败

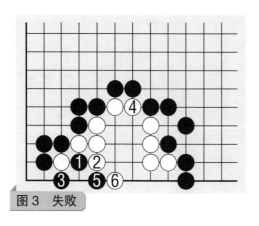

图 3 失败

黑 1、3 打拔一子是错误的下法，白 4、6 后，白棋起码可以劫活。

问题 45

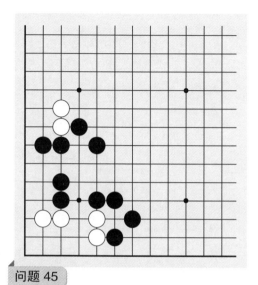

问题 45

黑先。左下角的白棋看起来眼形已很完整，但黑棋由于周边较厚，故不应轻易放弃对白棋的攻击。请问黑棋应如何下？

问题 46

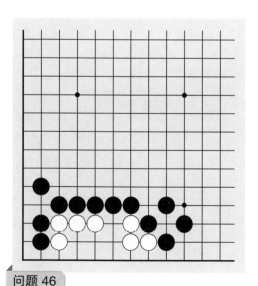

问题 46

白先。本题中的白棋由于空间较小，活棋的可能性似乎不大，但白棋却有起死回生之术。请问白棋应如何下？注意第一手棋非常重要。

问题 45 解说

图 1 正解

黑 1 点是攻击的急所，白 2 虽是最顽强的抵抗，但黑 3 是好棋，以下进行至黑 9，白棋净死。

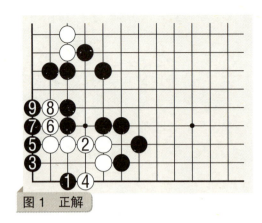

图 2 变化

黑 1 时，白 2 看似可行，但黑 3、5 进行后，黑仍可吃住白棋。

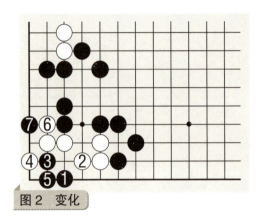

图 3 失败

黑 1、白 2 时，黑 3 渡过操之过急，白 4 以下进行至白 10，黑棋失败。

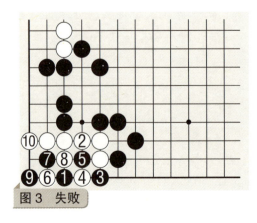

问题46 解说

图1 正解

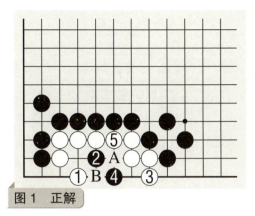

图1 正解

白1虎是手筋,以下至白5,均是必然的进行。其后白棋在A位和B位中必居其一,从而可以活棋。

图2 失败1

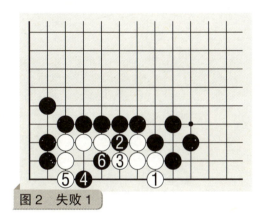

图2 失败1

白1下立,意在扩展空间,其实是错误的下法。黑2、4、6攻击后,白棋两侧均不入气,只能束手就擒。

图3 失败2

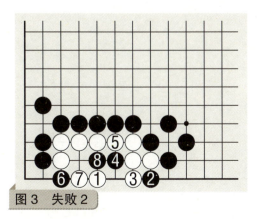

图3 失败2

白1是受棋形束缚的下法,黑2以下进行至黑8,结果白棋净死。

问题 47

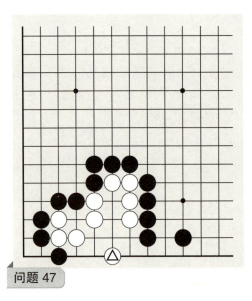

问题 47

黑先。白△补棋，谋求做活，但黑棋只要有效地利用白棋的弱点，完全可以使白棋崩溃。请问黑棋应如何下？

问题 48

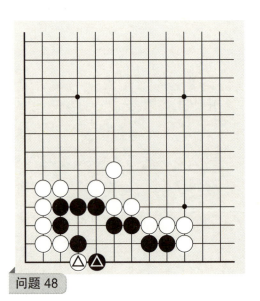

问题 48

白先。白△扳时，黑△立即挡是黑棋的失误。请问白棋应如何利用黑棋的失误而置其于死地？

问题 47 解说

图 1 正解

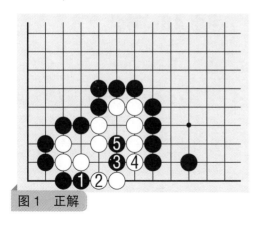

图 1 正解

黑 1 是大家不易考虑到的要点，白 2 如果挡，黑 3 点后，黑棋即可以轻松解决问题。

图 2 失败 1

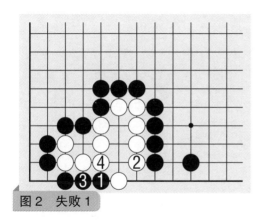

图 2 失败 1

黑 1 是过于追求技巧的下法，白 2 应后，黑棋不行。其后黑 3 虽可连接，但白 4 打后，白轻松活棋。

图 3 失败 2

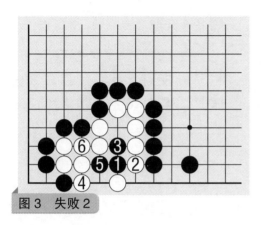

图 3 失败 2

黑 1 先点，白 2 抵抗有效，其后黑 3 破眼，白 4、6 后，双方下成双活。

问题 48 解说

图 1 正解

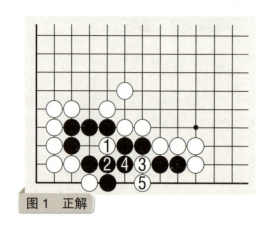

图 1 正解

白 1 断极其严厉，黑 2 如果连接，白 3 打吃后，白 5 下立，黑棋由于两侧均不入气，只有等死。

图 2 变化

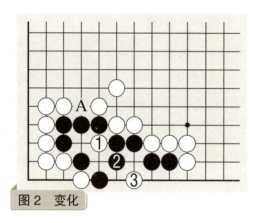

图 2 变化

白 1 时，黑 2 如寻求变化，白 3 点是稳健的好棋，黑棋同样不活。其中白 3 如果下在 A 位打吃，黑棋下在 3 位后，黑棋可以活。

图 3 失败

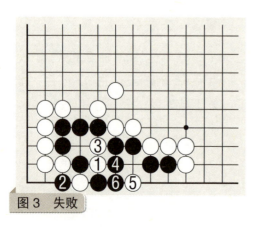

图 3 失败

白 1 打吃，黑 2 提子后，白棋已无任何手段。其后白 3 破眼时，黑 4、6 应，黑活棋已无困难。

问题 49

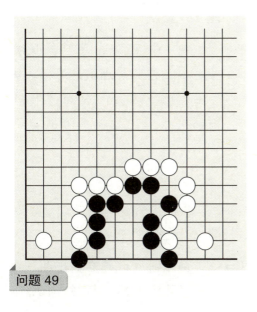

问题 49

白先。本题中的黑棋空间比较大，白棋要吃住黑棋不太容易。但白棋如能正确利用黑棋的弱点，可简单解决问题。请问白棋应如何下？

问题 50

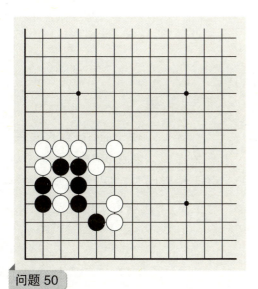

问题 50

白先。本题中的白棋虽不能吃住全部黑棋，却可以利用攻击黑棋角上的弱点谋取利益。请问白棋应如何下？

问题 49 解说

图 1 正解

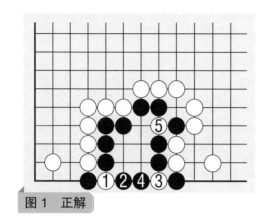

图 1 正解

白 1 扑正确，黑 2 如果提子，白 3 再扑是连贯的好棋，黑 4 时，白 5 又扑，结果黑棋不能活。

图 2 变化

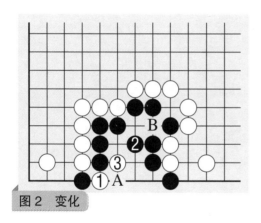

图 2 变化

白 1 扑时，黑 2 如果曲，白 3 是稳健的好棋，其后白棋在 A 位和 B 位中必居其一，白棋可以吃住黑棋。

图 3 失败

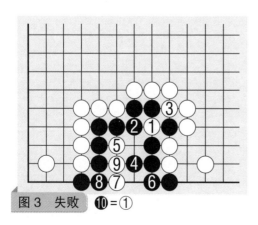

图 3 失败　⑩=①

白 1 先在上面扑次序错误，黑 2 提子，白 3 打吃，黑 4 是好棋，其后白 5 破眼，黑 6 以下进行至黑 10，双方下成双活。

问题50 解说

图1 正解

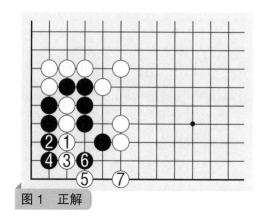

图1 正解

白1长是强手,黑2、4时,白5尖是好棋,至白7,白棋可以成功联络。角上黑棋只能后手活一部分,白棋获利很大。

图2 变化1

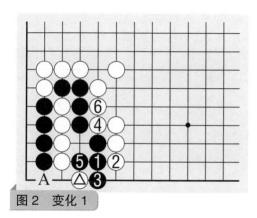

图2 变化1

白△时,黑1、3无理,而白2、4是针对黑棋失误的正确下法,黑棋在A位立已不是先手,结果黑棋全军覆没。

图3 变化2

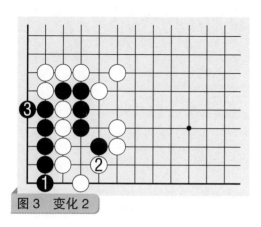

图3 变化2

黑棋果断抛弃右侧数子是明智的选择。黑1下立,白2则可先手联络,黑3做活。

问题 51

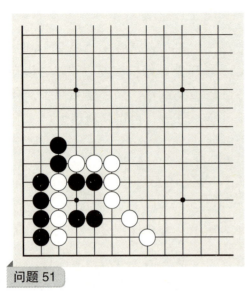

问题 51

白先。白棋要救活被围困的四子有两种方法，现在我们要求选择其中更为有效的一种。请问白棋应如何下？让对方下成不入气的形态非常重要。

问题 52

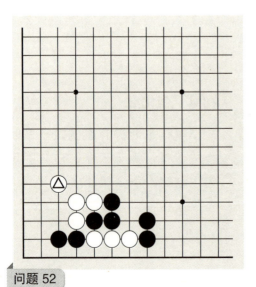

问题 52

白先。黑棋二子与白棋三子展开了对攻，白棋只有有效利用白△一子才能取得成功。请问白棋应如何下？

问题 51 解说

图 1 正解

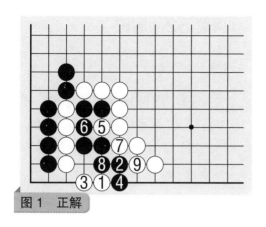

图 1 正解

白1先飞，黑2时，白3退是正确的次序，黑4切断时，白5以下至白9，白棋快一气杀黑棋。

图 2 失败

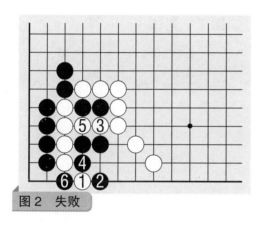

图 2 失败

白1尖，白棋四子虽也可活，但以下进行至黑6，白棋与正解相比差别很大。

图 3 参考

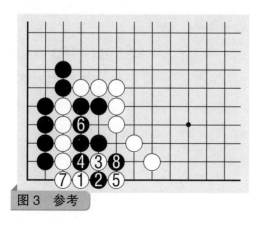

图 3 参考

白1、黑2时，白3打吃是白棋劫材丰富时才可选择的下法，以下进行至黑8，双方下成打劫。

问题52 解说

图1 正解

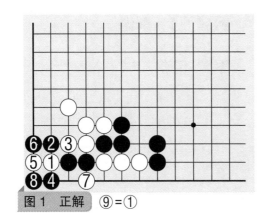

白1靠是好棋,黑2时,白3断是准备好的强手,其后黑4打吃时,白5以下进行至白9,黑棋净死。

图2 变化

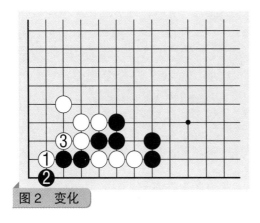

白1时,黑2如果扳,白3挡非常简单,以后的进行与正解相同。

图3 失败

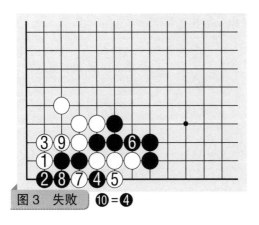

白1、黑2时,白3退是失败的下法。其后黑4扳是妙手,以下进行至黑10,双方下成打劫。

下篇

段位以上

问题 53

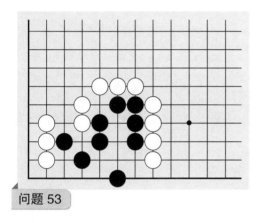

问题 53

白先。白棋的第一手棋是攻击的要点，只要计算准确，即可简单解决问题。请问白棋应如何下？

问题 54

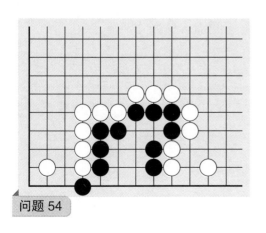

问题 54

白先。本题中的白棋只有把握住攻击要点才能解决问题。如能发现第一手棋，其后的进行会比较简单。请问白棋应如何下？

问题 53 解说

图 1 正解

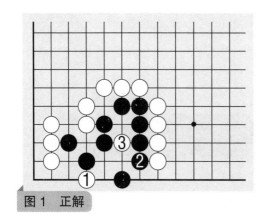
图 1 正解

白1先下在一路，黑2时，白3再点眼，结果黑棋净死。

图 2 失败 1

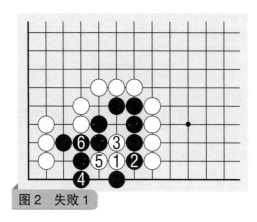
图 2 失败 1

白1先点操之过急，黑2后，白3必须破眼，黑4、6稳健，黑棋可以下成双活。

图 3 失败 2

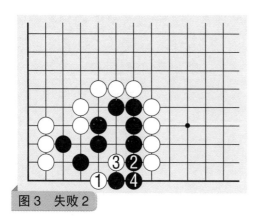
图 3 失败 2

白1的想法虽很独特，但被黑2挡后，白无后续手段。其后白3打吃，黑4简单连接，即可安然活棋。

问题 54 解说

图 1 正解

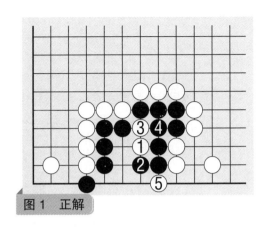

图 1 正解

白1点是针对黑棋弱点的严厉下法，黑2如果挡，白3先手与黑4交换后，白5扳，即可吃住黑棋。

图 2 变化

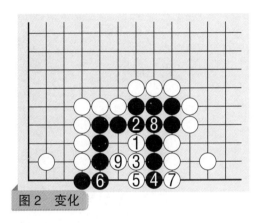

图 2 变化

白1时，黑2如果做眼，则白3是准备好的下法。其后黑4阻断，白5以下至白9，黑棋仍死。

图 3 失败

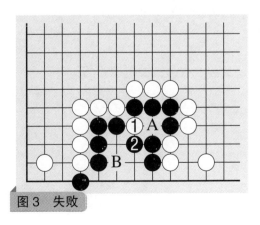

图 3 失败

白1断打，希望黑棋在A位应，但实际上有黑2的抵抗手段，其后由于黑棋在A位和B位中必居其一，黑棋可以活。

问题 55

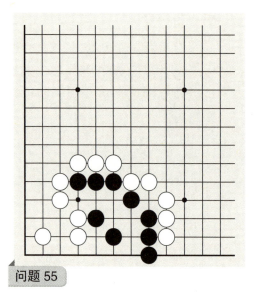

问题 55

白先。本题中的黑棋形比较富有弹性,白棋要吃住黑棋并不容易。请问白棋攻击的手筋是什么?第一手棋非常重要。

问题 56

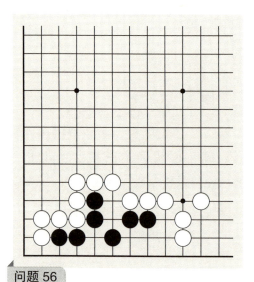

问题 56

白先。本题中白棋通过攻击黑棋的弱点,完全可以不让黑棋做成两眼。请问白棋正确的攻击方法是什么?

问题55 解说

图1 正解

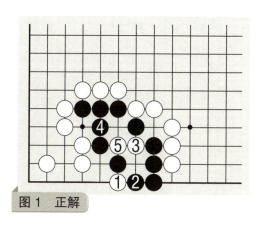

图1 正解

白1是切断黑棋活路的一手,黑2挡时,白3点是连贯的打击手段,其后黑4时,白5破眼即可。

图2 失败

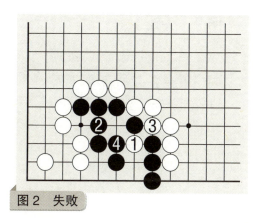

图2 失败

白1先点看似可行,但黑棋有黑2的抵抗手段,其后白3、黑4,双方下成打劫。

图3 变化

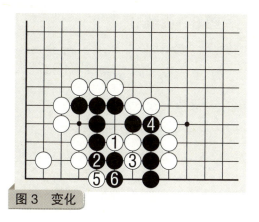

图3 变化

在图2的进行中,白棋若想避免打劫,而采取本图白1破眼的下法,则黑2连接是好棋,以下进行至黑6,双方下成双活。

问题56 解说

图1 正解

白1点是急所，黑2时，白3利用弃子是好棋，黑4如果提子，白5扑，黑棋只有死路一条。

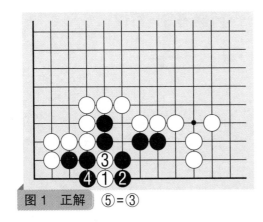

图1 正解　⑤=③

图2 失败1

白1直接破眼，黑2扩展空间是好棋，其后白3打吃，以下进行至黑8，双方下成打劫。

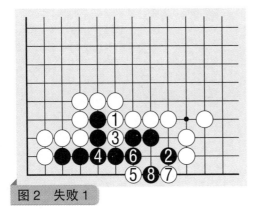

图2 失败1

图3 失败2

白1如果大飞，则黑2、4先手利用，接着黑6挡，黑棋可以净活。

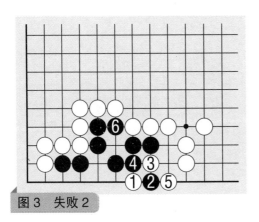

图3 失败2

问题 57

黑先。本题中黑棋的空间虽然很小,但问题却不难解决。不过要记住,什么时候轻敌都是大忌。请问黑棋应如何下?

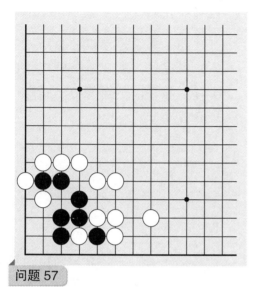

问题 57

问题 58

白先。如果是实战,白棋大多会判断黑棋已活净,但事实并非如此。请问白棋攻击的要点在哪里?

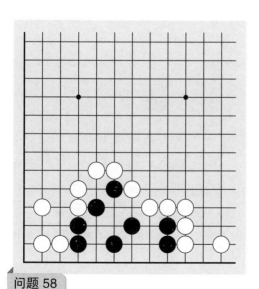

问题 58

问题 57 解说

图 1 正解

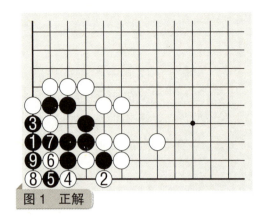

图 1 正解

黑1单跳是活棋的急所,白2如果提子,黑3断是好棋,白4时,黑5以下至黑9,黑棋可吃白接不归。

图 2 变化

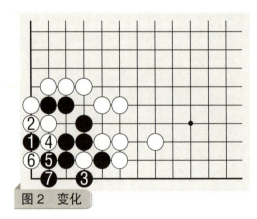

图 2 变化

黑1时,白2如果连接,黑3提子后即可活棋。其后白4以下至黑7,黑棋可确保两个眼。

图 3 失败

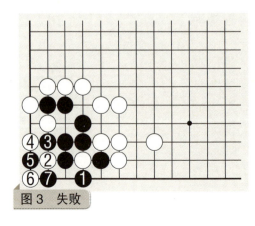

图 3 失败

黑1如果提子,白2进行攻击,以下进行至黑7,黑棋仅下成打劫活。

问题 58 解说

图 1 正解

白 1 是攻击的要点，黑 2 如果阻止白棋联络，白 3 以下至白 11 是绝好的次序，结果白棋可以吃住黑棋。

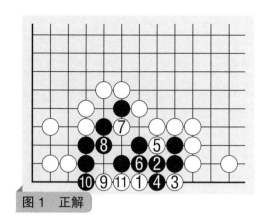

图 1 正解

图 2 变化

白 1 时，黑 2 如果下立，白 3、5 利用弃子，以下进行至白 9，黑棋仍死。

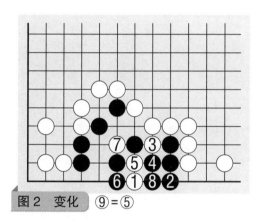

图 2 变化　⑨=⑤

图 3 失败

白 1 扳选点有误，黑 2 应是好棋，其后白 3、5 力图破眼，但以下进行至黑 8，白棋吃不住黑棋。

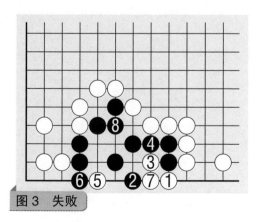

图 3 失败

问题 59

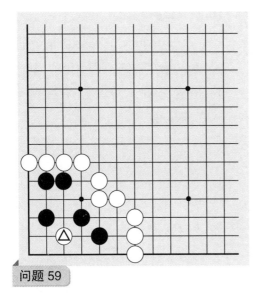

白先。本题中白棋如要攻击黑棋，只有最大限度地利用白△一子。请问白棋应如何下？

问题 59

问题 60

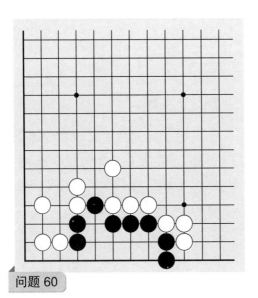

白先。黑棋的空间很大，白棋要吃掉黑棋看起来很困难，但只要行棋次序正确，完全可以成功。请问白棋应如何下？

问题 60

问题 59 解说

图 1 正解

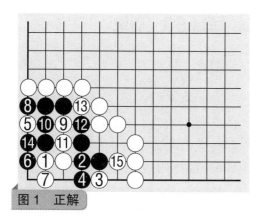

图 1 正解

白 1、3 是必要的次序,其后黑 4 时,白 5 则是准备好的手筋,以下进行至白 15,黑由于两侧都不入气而成死棋。

图 2 失败 1

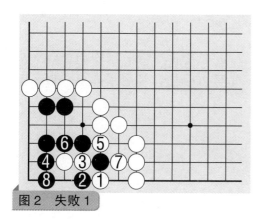

图 2 失败 1

白 1 次序错误,此时黑 2 应是好棋,以下进行至黑 8,黑棋轻松做活。

图 3 失败 2

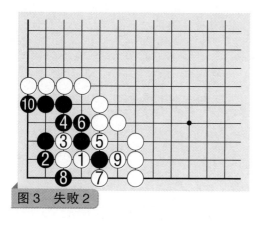

图 3 失败 2

白 1、3 谋求联络,则黑 4 以下至黑 10,黑棋可以活。

问题60 解说

图1 正解1

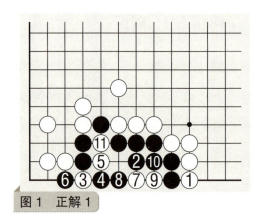
图1 正解1

白1挡，逼迫黑2应是非常重要的次序，其后白3扳，黑4时，白5以下攻击深得要领，结果白棋可以吃住黑棋。

图2 正解2

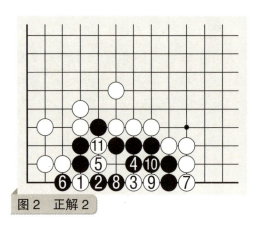
图2 正解2

白1与黑2交换后，白3点可以成立，其后黑4顶，以下至白11，结果与正解1相同。

图3 失败

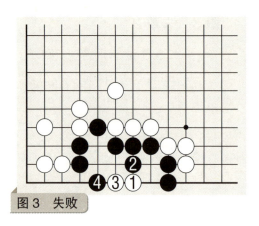
图3 失败

白1先点是受棋形束缚的俗手，黑2顶，白3时，黑4尖，黑棋可轻松做活。

问题 61 ▶▶

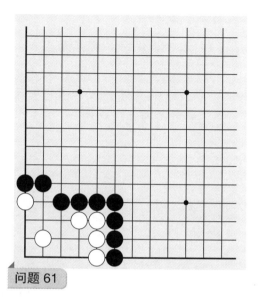

问题 61

黑先。本题中白棋的棋形比较有弹性,因而很多执黑者判断无法净杀白棋,其实不然。请问黑棋应如何下?

问题 62 ▶▶

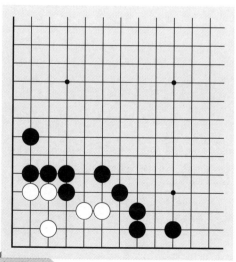

问题 62

黑先。黑棋如果仅仅吃住右侧白二子,难以让人满意。请问黑棋吃住全部白棋的方法是什么?

问题 61 解说

图 1 正解

黑1是很多人都能考虑到的手段，但白2时，黑3却是大家不易发现的手筋，以下进行至黑9，黑棋可以吃住白棋。

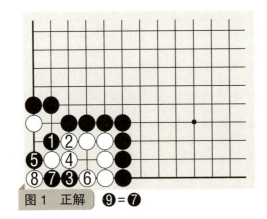

图 1 正解　❾=❼

图 2 失败 1

黑1冲、3打是俗手，白4时，黑5虽是手筋，但以下进行至白10，双方免不了下成打劫。

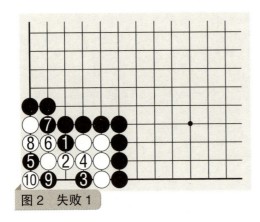

图 2 失败 1

图 3 失败 2

黑1、白2时，黑3扳不好，白4可以进行抵抗，其后黑5时，白6可以抛劫。

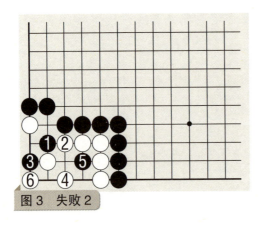

图 3 失败 2

问题 62 解说

图 1 正解

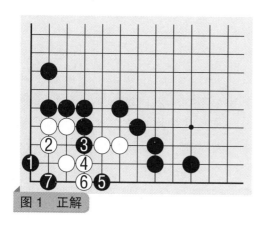

图 1 正解

黑 1 点是要点，也是本题的正解。白 2 阻止黑棋的联络，黑 3 以下进行至黑 7，黑棋可将白棋逼入绝境。

图 2 变化

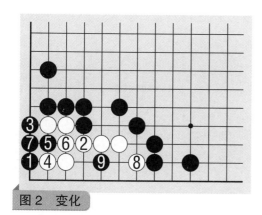

图 2 变化

黑 1 点时，白 2 如果进行抵抗，黑 3 可以联络，以下进行至黑 9，白棋仍死。

图 3 失败

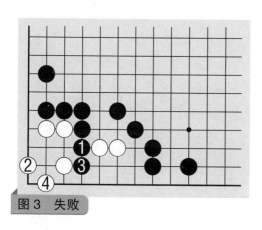

图 3 失败

黑 1 冲，虽可吃住右侧白棋二子，但白 2 应是好棋，左侧白棋可活。

问题 63

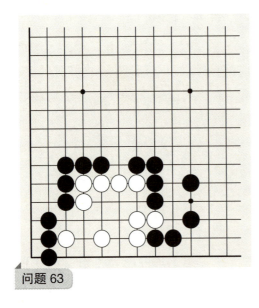

问题 63

黑先。本题中白棋的空间虽然比较充分,但只要黑棋能最大限度地利用白棋的弱点,即可解决问题。请问黑棋应如何下?

问题 64

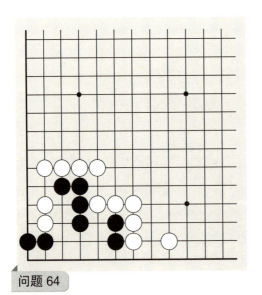

问题 64

白先。本题中白棋如果攻击不当,会被黑棋轻松活出。请问白棋应如何攻击黑棋?

问题63 解说

图1 正解

黑1扳是攻击的出发点，其后黑3冲，以下进行至黑11，黑棋可以巧妙地利用白棋不入气而吃住白棋。

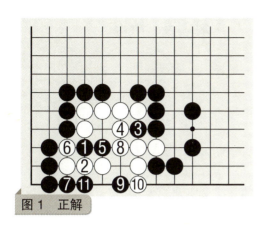
图1 正解

图2 变化

黑1扳，以下至黑7都是与正解相同的次序，其后如果白8虎，黑9断后，黑棋在A位和B位中必居其一，结果白棋也不活。

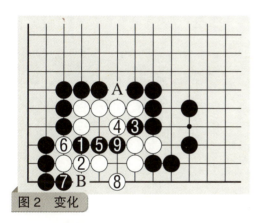
图2 变化

图3 失败

黑1、白2时，黑3长次序错误，其后黑5时，白6是好棋，结果黑棋无法吃住白棋。

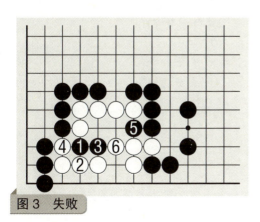
图3 失败

问题 64 解说

图 1 正解

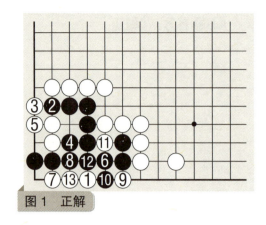

图 1 正解

白 1 点是具有多种目的的下法，黑 2、4 先手利用后，黑 6 阻止白棋联络时，白 7 是手筋，以下进行至白 13，黑棋净死。

图 2 变化

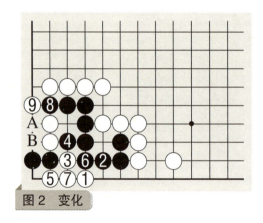

图 2 变化

白 1 时，黑 2 如寻求变化，白 3、5 则是正确的次序，以下进行至白 9，黑棋如在 A 位扑吃，白棋在 B 位提即可。

图 3 失败

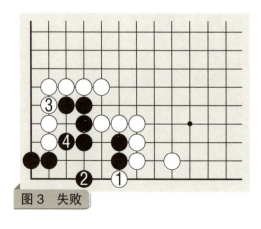

图 3 失败

白 1 扳，黑 2 跳是好棋，其后白 3 连接，黑 4 顶住，黑轻松活棋。

问题 65

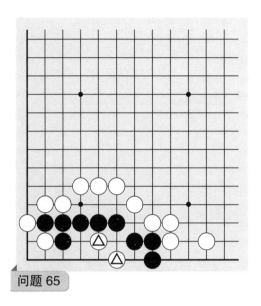

问题 65

黑先。白△二子位于紧要的位置，黑只有抢占要点才能活棋。请问黑棋应如何下？

问题 66

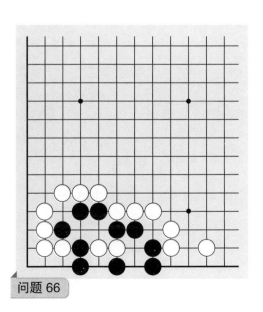

问题 66

白先。在本题中白棋要吃住黑棋并非易事，只有充分利用白二子才有希望。请问白棋应如何下？

问题 65 解说

图 1 正解

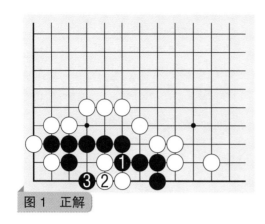

黑 1 连接是活棋的急所,白 2 如果连接,黑 3 尖,黑棋可以下成双活。

图 2 变化

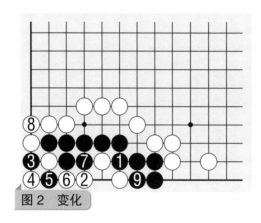

黑 1 时,白 2 如果尖,黑 3、5 扑是正确的次序,以下进行至黑 9,黑棋可以吃白接不归。

图 3 失败

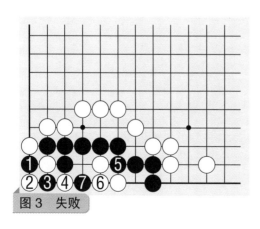

黑 1 先扑,以下进行至黑 7,双方免不了打劫。

问题 66 解说

图 1 正解

白 1 长是大家都能考虑到的下法，但其后白 3、5 利用弃子则不易发现，后续变化见图 2。

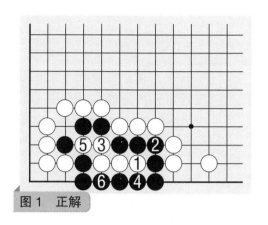

图 1 正解

图 2 正解继续

白 7 点是急所，至白 9 扑，黑棋只好举手投降。

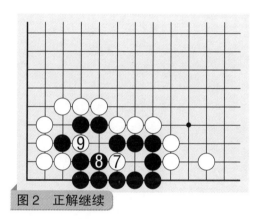

图 2 正解继续

图 3 失败

实战中，白 1 与黑 2 交换后，很多人大概会下白 3 扑，以下进行至黑 6，双方下成双活。

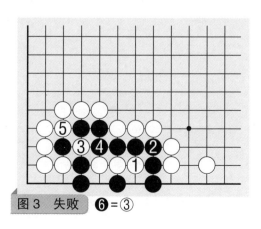

图 3 失败　❻=③

问题 67

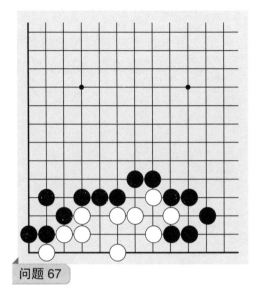

问题 67

黑先。黑棋在本题中，与其说进行复杂的计算，不如说找寻正确的感觉更为重要。请问黑棋应如何下？下成打劫即告成功。

问题 68

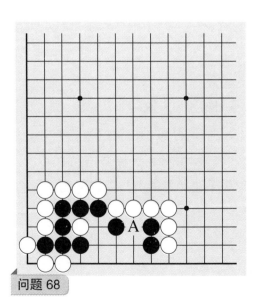

问题 68

白先。白棋如果单在A位冲，虽可吃住黑棋二子，却不能令人满意。请问白棋应如何攻击黑棋？

问题 67 解说

图 1 正解

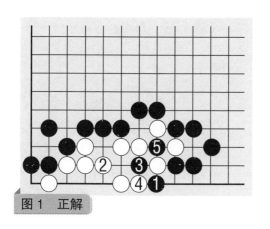

图 1 正解

黑 1 扳只此一手，白 2 也是最佳对策，以下进行至黑 5，双方下成打劫。

图 2 变化

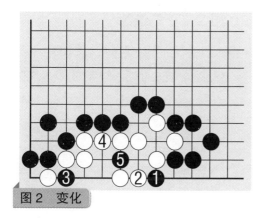

图 2 变化

黑 1 扳时，白 2 挡失误，其后黑 3 扑，白 4 时，黑 5 破眼，结果白棋净死。

图 3 失败

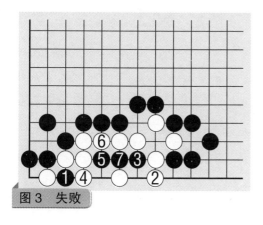

图 3 失败

黑 1 虽然与扳作用相同，但方向错误，白 2 占据急所后，黑 3 以下进行至黑 7，双方下成双活。

问题 68 解说

图 1 正解

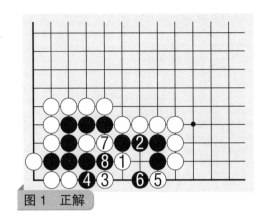

图 1 正解

白 1 是棋形的急所，黑 2 必须连接，其后白 3 尖是绝妙的手筋，以下进行至黑 8，白棋已诱使黑棋下成倒扑的棋形。

图 2 正解继续

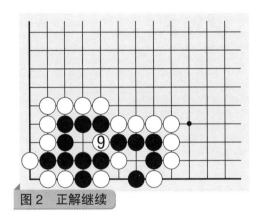

图 2 正解继续

其后白 9 倒扑，黑棋由于无法避免被白棋提一侧，当然难免一死。

图 3 变化

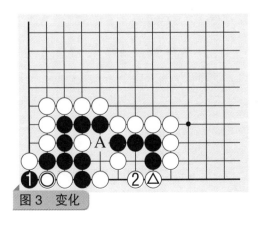

图 3 变化

白△扳时，黑 1 如果提子，白 2 是好棋，其后白棋在 A 位和○位必居其一，结果可以吃住黑棋。

问题 69

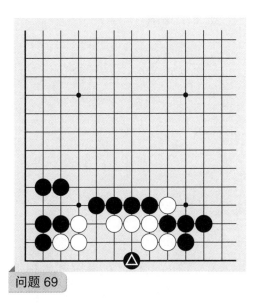

问题 69

白先。由于黑▲一子处在关键位置，令白棋大伤脑筋。请问白棋如何下才能活？第一手棋很重要。

问题 70

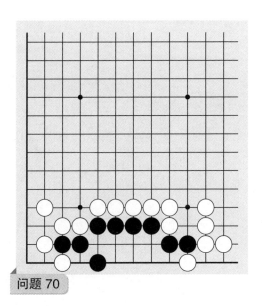

问题 70

白先。本题中黑棋由于有较多抵抗手段，因此要吃黑棋比较困难。请问白棋应如何下？

问题 69 解说

图 1 正解

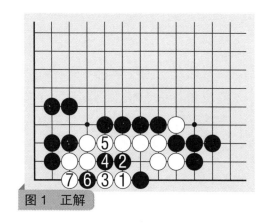

图 1 正解

白 1 是活棋的唯一要点,其后黑 2 打吃时,白 3 是好棋,以下进行至白 7,白棋可以活。

图 2 失败 1

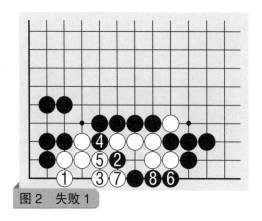

图 2 失败 1

白 1 下立,拓展空间,但黑 2 以下进行至黑 8,黑棋可施展倒扑的手段。

图 3 失败 2

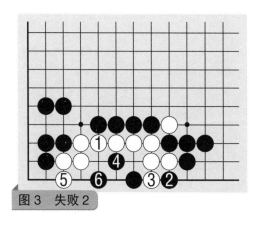

图 3 失败 2

白 1 连接,黑 2 以下至黑 6 后,白免不了死棋。

问题 70 解说

图 1 正解

白 1 点是棋形的急所，黑 2 切断是最佳应手，以下进行至白 7，是双方必然的下法。后续变化见图 2。

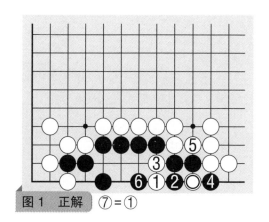

图 1 正解　⑦=①

图 2 正解继续

黑 8 时，白 9 只有破眼，黑 10 可以断打，白 11 提劫，结果双方下成打劫。

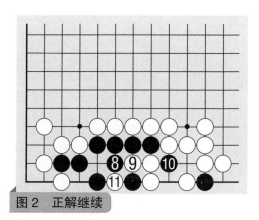

图 2 正解继续

图 3 变化

白 1 点时，黑 2 如果连接，白 3 点后，黑棋净死。

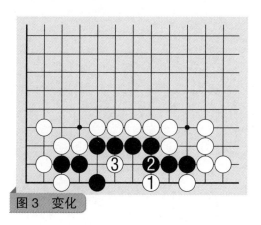

图 3 变化

问题 71

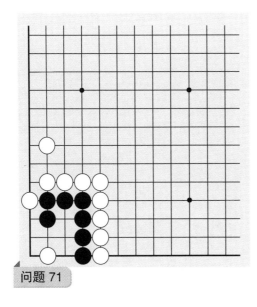

问题 71

白先。白棋如果能冷静地计算，可以比较轻松地解决问题。请问白棋应如何下？第一手棋和第三手棋非常重要。

问题 72

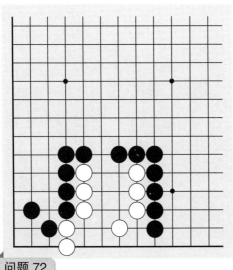

问题 72

黑先。本题白棋形虽然比较复杂，但经过仔细分析，黑棋完全可以吃住白棋。请问黑棋应如何下？

问题 71 解说

图 1 正解

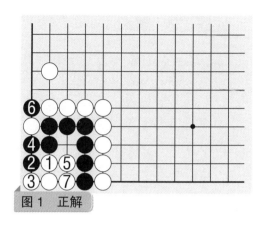
图 1 正解

白 1 顶，其后白 3 打吃，诱使黑棋下成不入气之形极其重要，以下进行至白 7，黑棋净死。

图 2 失败 1

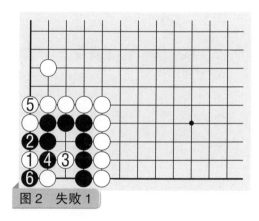
图 2 失败 1

白 1 尖，虽是大家都能考虑到的，但实际上是受棋形束缚的下法，黑 2 以下进行至黑 6，白方仅下成缓气劫杀。

图 3 失败 2

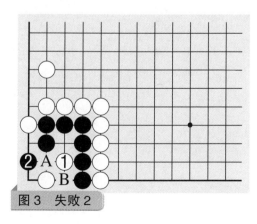
图 3 失败 2

白 1 尖，黑 2 应后，双方下成双活。以后白 A 时，黑 B 应；或者白 B 时，黑 A 应。

问题 72 解说

图 1 正解

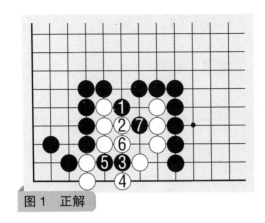

图 1 正解

黑 1 后再黑 3 点是攻击白棋的正确次序。白 4 扳谋求做活,但以下进行至黑 7,黑棋可以利用白棋气紧而吃住白棋。

图 2 变化

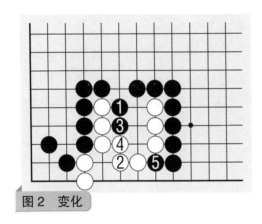

图 2 变化

黑 1 时,白 2 如补在下边,黑 3 可继续冲,以下白 4、黑 5,白棋不活。

图 3 失败

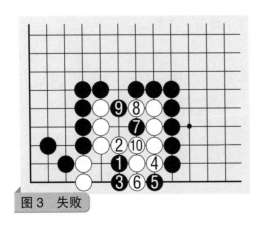

图 3 失败

黑 1 先点操之过急,白 2 时,黑 3 以下至黑 9 进行攻击,但至白 10,白棋可以活。

问题 73

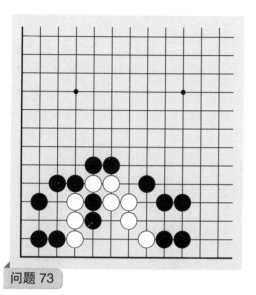

问题 73

黑先。本题中的黑棋在攻击白棋时，如何利用被白棋围住的黑二子是成败的关键。请问黑棋应如何下？

问题 74

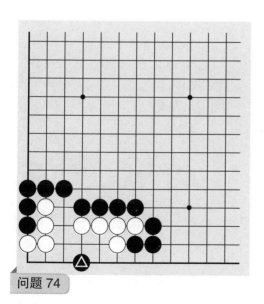

问题 74

黑先。黑棋在攻击白棋时，如何利用黑▲一子值得研究，而能否让对方下成不入气的棋形又是关键。请问黑棋应如何下？

问题 73 解说

图 1 正解

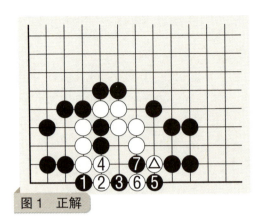
图 1 正解

黑 1 扳，白 2 时，黑 3 打吃绝妙，以下进行至黑 7，黑棋由于正打吃着白△一子，因而可以避免被吃接不归，结果白棋净死。

图 2 变化

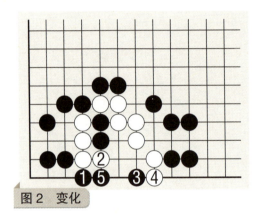
图 2 变化

黑 1 扳时，白 2 如果退，黑 3 是左右均可联络的手筋，以下白 4、黑 5，结果白棋净死。

图 3 失败

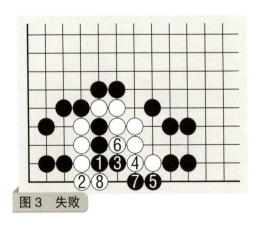
图 3 失败

黑 1 下立与白 2 交换是失误，其后黑 3、5 虽已尽力，但进行至白 8，白棋可以活。

问题 74 解说

图 1　正解

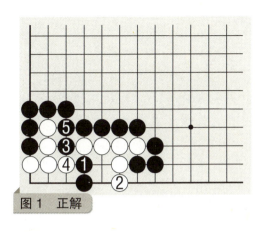

图 1　正解

黑 1 是急所，白 2 下立，黑 3、5 切断是正确的，白棋由于两侧都将不入气，必死无疑。

图 2　变化

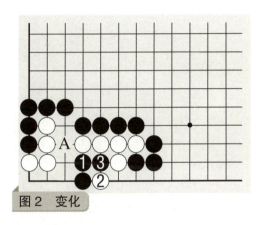

图 2　变化

黑 1 时，白 2 如果尖顶，黑 3 打吃即可。其后白棋如果连上一子，黑棋可以在 A 位打吃，结果白棋必死。

图 3　失败

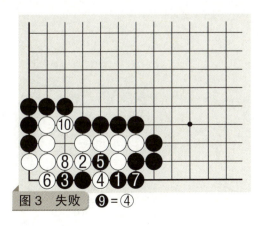

图 3　失败　❾=④

黑 1 急于联络，白 2 顶是好棋，其后黑 3 如果破眼，白 4 以下至白 10 是绝好的次序，黑棋可以活。

问题 75

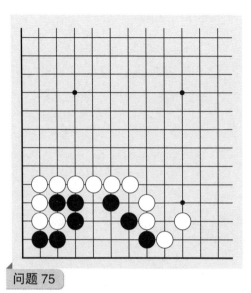

问题 75

白先。本题中白棋的攻击点有好几处,但并非都能成立。请问白棋应如何下?

问题 76

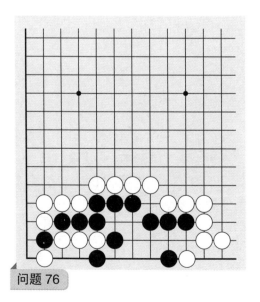

问题 76

白先。本题中的黑棋空间不大,白棋看起来能很轻松地吃住黑棋,但事实恰恰相反。请问白棋应如何下?

问题 75 解说

图 1 正解

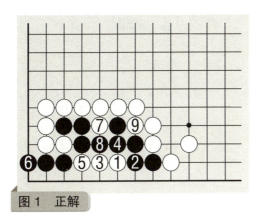

图 1 正解

白 1 点是急所，黑 2 如果连上，白 3 长是连贯的好棋，黑 4 以下至白 9，白棋在对攻中快一气。

图 2 变化

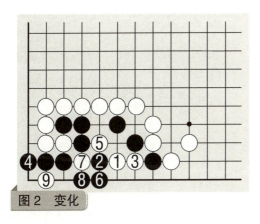

图 2 变化

白 1 点时，黑 2 如谋求变化，白 3 吃黑一子是好棋，其后黑 4 下立，白 5 断是手筋，以下进行至白 9，也能吃住黑棋。

图 3 失败

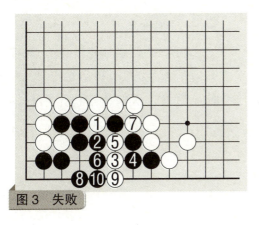

图 3 失败

白 1 冲后再白 3 点次序错误，黑 4 以下进行至黑 10，白棋仅仅吃住黑四子，无法令人满意。

问题 76 解说

图 1 正解

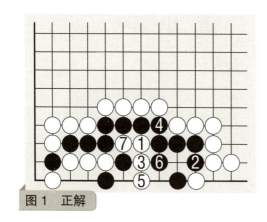

图 1 正解

白 1 是大家不易考虑到的急所，黑 2 想确保自己的空间，白 3 以下至白 7，白棋巧妙地吃住黑棋。

图 2 失败 1

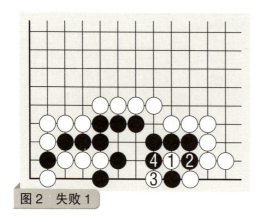

图 2 失败 1

如果是实战，白棋很可能下成白 1 打吃，那样黑 2、4 之后，白棋难免下成打劫。

图 3 失败 2

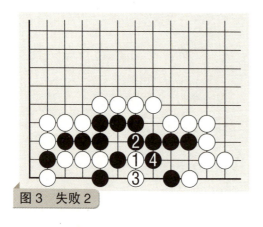

图 3 失败 2

白 1 夹，被黑 2 做眼，黑棋可以轻易活出。其后白 3 下立，黑 4 贴住，黑棋做活已无困难。

问题 77

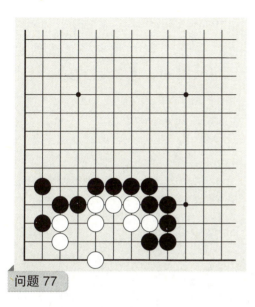

黑先。黑棋的第一手棋很容易想到,但其后续手段的跟进更为重要。请问黑棋应如何下?

问题 78

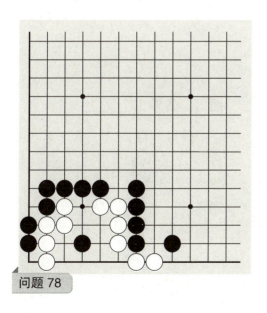

黑先。别看白棋的空间不小,却并不等于能够活棋。请问黑棋应如何攻击白棋?

问题 77 解说

图 1 正解

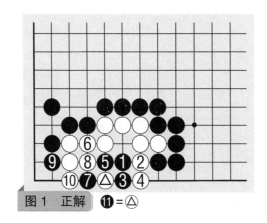

图 1　正解　⓫ = △

黑 1 点是大家易考虑到的，但白 2 时，黑 3 则较难想到，以下进行至黑 11，白棋只下成刀五，故不活。

图 2 失败 1

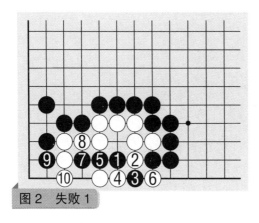

图 2　失败 1

黑 1、白 2 时，黑 3 渡过就不对了，白 4 以下进行至白 10，白棋可以下成双活。

图 3 失败 2

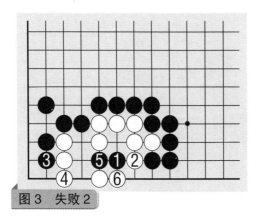

图 3　失败 2

黑 1、白 2 时，黑 3 挡也是失误，其后白 4 下立，黑 5 破眼，但至白 6，白棋可以下成双活。

问题78 解说

图1 正解

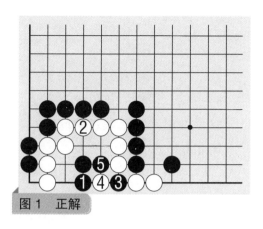
图1 正解

黑1下立很妙，白2最大限度地扩展空间，其后黑3、5又是极好的次序，结果白棋只能下成"葡萄六"，自然不活。

图2 变化

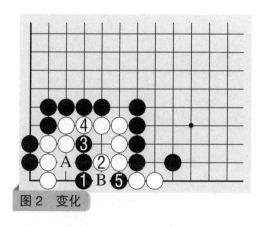
图2 变化

黑1时，白2如谋求变化，则黑3、5是正确的次序，以后黑棋在A位和B位中必居其一，黑棋可以吃住白棋。

图3 失败

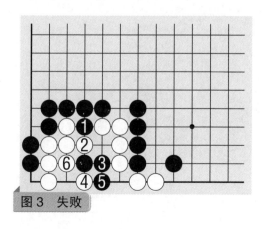
图3 失败

如果在实战中，黑棋很容易选择黑1、3的下法，以下进行至白6，双方下成打劫。

问题 79

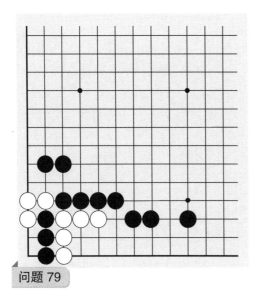

问题 79

黑先。在本题中白棋最少已有一眼，黑棋的目的就是不让白棋再做出第二只眼。请问黑棋如何才能吃住白棋。

问题 80

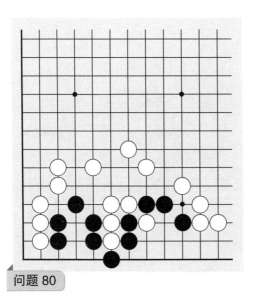

问题 80

白先。本题当然是要求白棋吃住黑棋，但白棋切忌先打吃，否则会失败。请问白棋应如何下？

问题 79 解说

图 1 正解

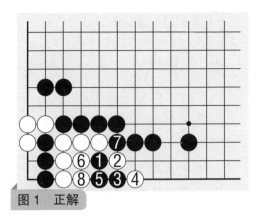

图 1 正解

黑 1 是手筋，白 2 扳时，黑 3、5 扳接是正确的次序，以下进行至白 8，黑棋弃三子非常重要，后续变化见图 2。

图 2 正解继续

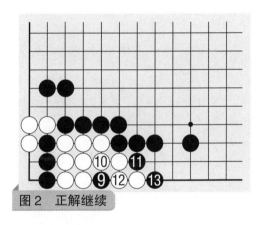

图 2 正解继续

黑 9 打吃以下至黑 13，黑棋可以吃住全部白棋。

图 3 失败

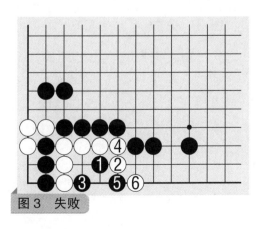

图 3 失败

黑 1、白 2 时，黑 3 错误，白 4、6 之后，双方下成打劫。

问题 80 解说

图 1 正解

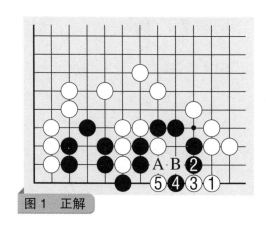

图 1 正解

白 1 跳下是稳健的好棋，其后黑 2 如果下立，白 3 可以冲，等黑 4 挡时，白 5 再打吃，以后白棋在 A 位和 B 位中必居其一，白棋可以吃住黑棋。

图 2 变化

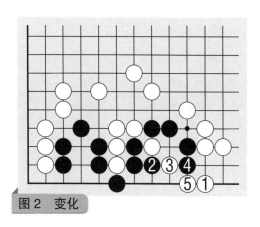

图 2 变化

白 1 时，黑 2 如果吃白一子，白 3 扳，其后黑 4 冲，白 5 可以进行联络，黑棋同样不活。

图 3 失败

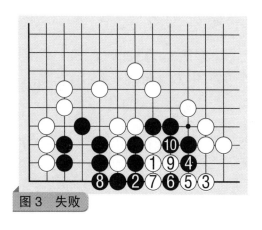

图 3 失败

白 1 先打吃，黑 2 连接，其后白 3 再跳下，可惜白棋次序错误。黑 4 以下进行至黑 10，黑棋可以吃白接不归，白棋失败。

问题 81

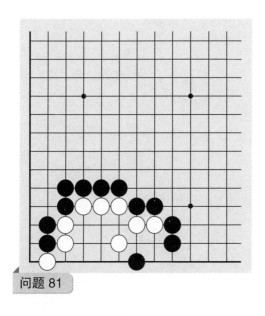

白先。本题中白棋的活棋方法有两种，请大家结合官子进行全面考虑。请问白棋应如何下？

问题 81

问题 82

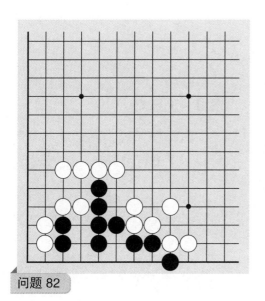

白先。本题中白棋只要充分重视，应该不难解决问题。请问白棋如何才能置黑棋于死地？

问题 82

问题 81 解说

图 1 正解

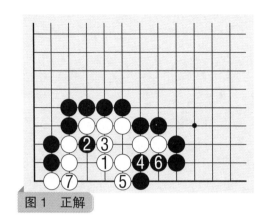
图 1 正解

白 1 先做眼是好棋，黑 2 如果点进来，白 3 以下至白 7，白棋可以活。

图 2 失败 1

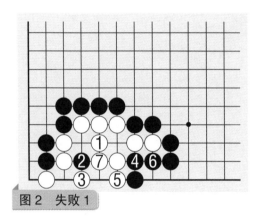
图 2 失败 1

白 1 做眼，虽然同样可以活棋，但以下进行至白 7，与正解相比，白棋损 2 目。

图 3 失败 2

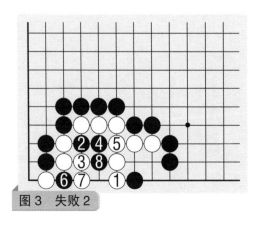
图 3 失败 2

白 1 挡无理，黑 2 断非常严厉，以下进行至黑 8，白棋净死。

问题 82 解说

图 1 正解

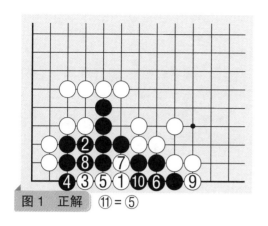

图 1 正解 ⑪=⑤

白 1 是杀黑棋的要点，黑 2 被迫挡，白 3 以下进行至黑 10，白棋弃去四子是极聪明的下法，其后白 11 点，结果黑棋净死。

图 2 失败 1

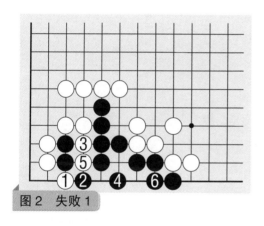

图 2 失败 1

白 1 扳，黑 2 可以进行抵抗，其后白 3 打吃，白棋虽可吃住黑二子，但以下进行至黑 6，黑棋整体可以劫活。

图 3 失败 2

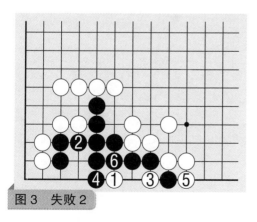

图 3 失败 2

白 1 点，黑 2 挡时，白 3 扳是错误的下法，黑 4 挡后，白棋已不可能吃住黑棋。

问题 83

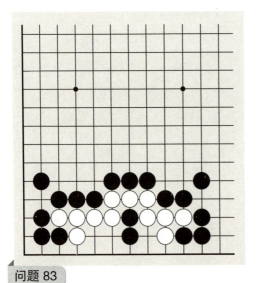

问题 83

黑先。黑棋如何利用被白棋吃住的二子来吃住整块白棋是本题的精华所在。请问黑棋应如何下？

问题 84

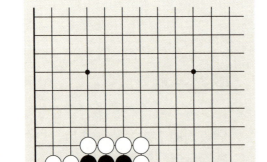

问题 84

白先。黑棋有很多断点，请问白棋应以什么样的次序攻击黑棋？

问题 83 解说

图 1 正解

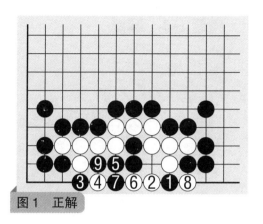
图 1 正解

黑 1 扳，逼使白 2 挡后，黑 3 再扳是正确的次序。其后白 4 只好挡，黑 5 以下至黑 9，黑棋可以吃住整块白棋。

图 2 变化

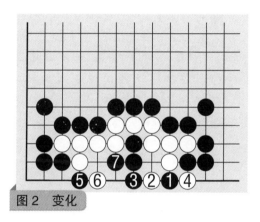
图 2 变化

黑 1、白 2 时，黑 3 打吃也可以成立。白 4 提子，黑 5、7 攻击后，黑棋可以吃住白棋。

图 3 失败

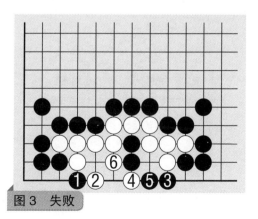
图 3 失败

黑 1 扳，白 2 时，黑 3 再扳是次序错误。其后白 4 靠是手筋，至白 6，双方下成打劫。

问题 84 解说

图 1 正解

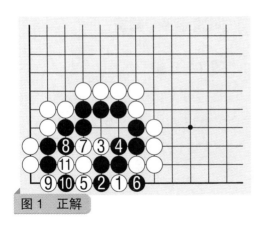

图 1 正解

白 1 先扳，黑 2 挡时，白 3 点是攻击的正确次序。黑棋为避免被双打吃，只好黑 4 连接，以下进行至白 11，白棋可以利用黑棋不入气而吃住黑棋。

图 2 变化

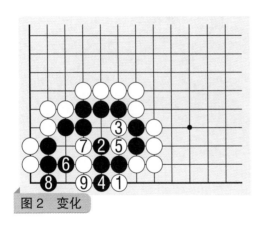

图 2 变化

白 1 扳时，黑 2 如果谋求变化，白 3 打吃即可解决问题。其后黑 4 挡，白 5 以下至白 9，黑棋不活。

图 3 失败

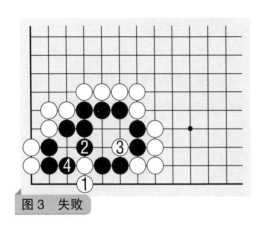

图 3 失败

白 1 首先下立，虽然包含很多手段，但黑 2 补是好棋，其后白 3 打吃，黑 4 弃二子后，黑棋可以轻松做活。

问题 85

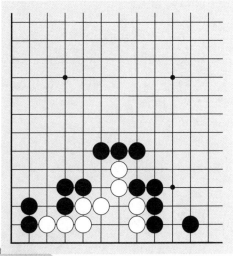

问题 85

黑先。本题中白棋的空间虽然较小，但黑棋如果攻击的次序有误，则绝对不能取得成功。请问黑棋应如何下？

问题 86

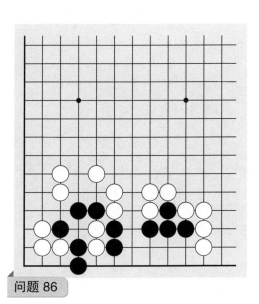

问题 86

白先。白棋如何诱使黑棋下成不入气是白棋能否吃住黑棋的关键。请问白棋应如何把握攻击的急所？

问题 85 解说

图 1 正解

黑 1 扳是攻击的出发点，白 2 被迫挡时，黑 3 再扳是正确的次序。白 4 挡，以下进行至黑 7，白棋净死。

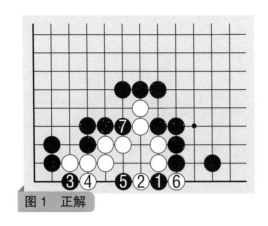

图 1 正解

图 2 失败 1

黑 1 扳也是容易考虑到的下法，白 2 应后，白棋可以活。

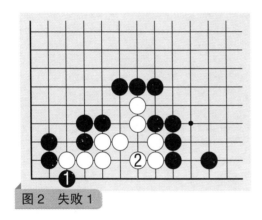

图 2 失败 1

图 3 失败 2

黑 1 先点，白 2 尖顶后，黑棋同样失败。其后白棋只要在 A 位和 B 位中居其一即可活。

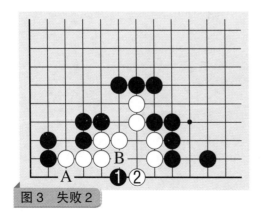

图 3 失败 2

问题 86 解说

图 1 正解

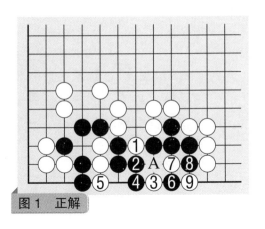

图 1 正解

白 1 先挖，黑 2 挡时，白 3 点是正确的次序。其后黑 4 如果挡，白 5 以下至白 9，黑棋由于在 A 位不入气，无法吃白棋接不归。

图 2 变化

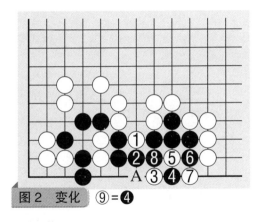

图 2 变化 ⑨=❹

白 1 挖，黑 2、白 3 时，黑 4 如果进行抵抗，白 5、7 打拔黑棋一子，以下进行至白 9，黑棋由于无法在 A 位打吃，结果也是死棋。

图 3 失败

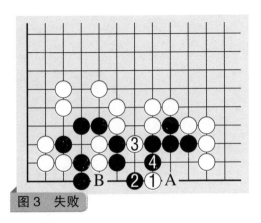

图 3 失败

白 1 大飞，看似可以解决问题，但黑 2 尖顶是防守的好棋，其后白 3 挖，黑 4 打吃，以后黑棋只要在 A 位或 B 位居其一即可活。

问题 87

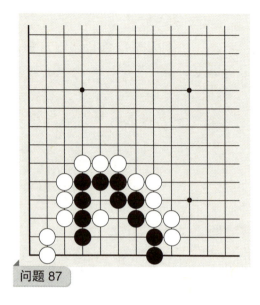

问题 87

白先。白棋看起来可以轻松吃住黑棋,其实不然。本题并不简单,白棋只要稍有马虎,必遭失败。请问白棋应如何下?

问题 88

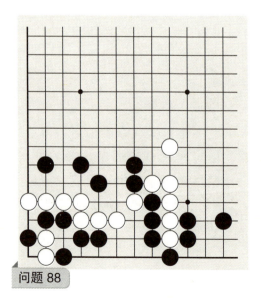

问题 88

白先。白棋大龙现在非常危险,请问白棋应如何利用黑棋的弱点摆脱目前的困境呢?

问题 87 解说

图 1 正解

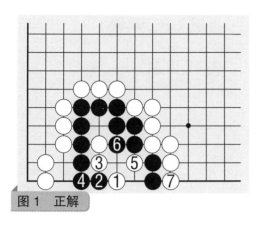

白 1 点是死活的急所，其后黑 2 如果阻渡，白 3 打吃后，白 5 断，结果白棋可以吃住黑棋。

图 2 变化

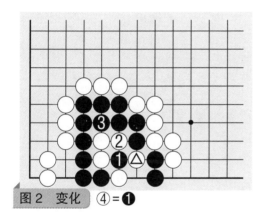

正解中白△时，黑 1 扑、3 打看似可以成立，但白 4 连接后，黑棋同样不活。

④=❶

图 3 失败

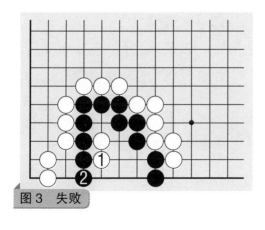

白 1 轻率，黑 2 下立后，白棋无论如何下，都不能吃住黑棋。

问题 88 解说

图 1 正解

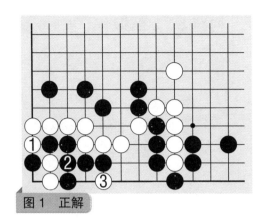

白 1 打吃，黑 2 时，白 3 是正确的次序，后续变化见图 2。

图 2 正解继续

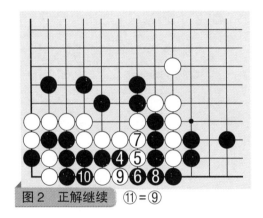

⑪ = ⑨

黑 4 必须长，但白 5 挖是妙手，黑 6 以下进行至白 11，黑棋面临被双吃的危机，因而白棋可活。

图 3 失败

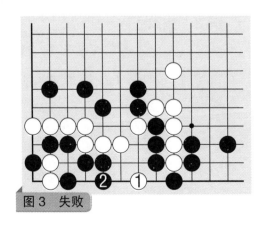

白 1 点，看似非常巧妙，但黑 2 补棋后，白棋徒劳无益。

问题 89

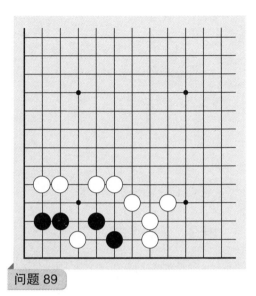

问题 89

白先。本题中，白棋如果次序正确，可以制造出长生劫，从而导致全盘无胜负的结局。请问白棋应如何下？

问题 90

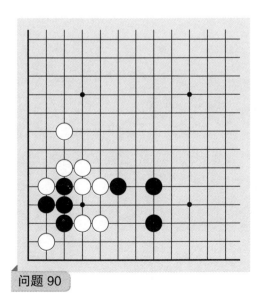

问题 90

黑先。黑棋如何救活被白棋围困的四子？黑棋如果自身不能做活，则应考虑与外面黑子的联络问题。下成打劫即告成功。

问题89 解说

图1 正解

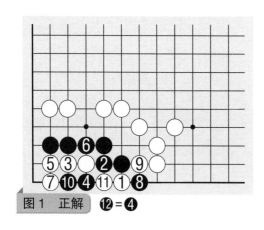
图1 正解 ⑫=❹

白1是妙手，黑2时，白3长又是正确的下法，黑4以下至黑12，白棋可以下成长生劫。

图2 正解继续

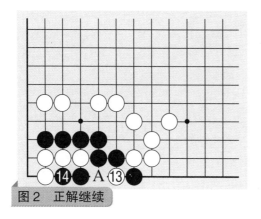
图2 正解继续

其后白13扑，黑14只有送吃，白A如果提子，黑棋也反过来提二子，于是双方将反反复复地无限循环下去。

图3 变化

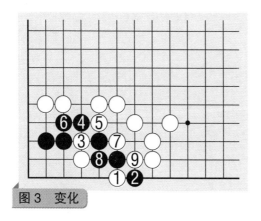
图3 变化

白1时，黑2如果扳吃，白3、5冲断是显而易见的下法，结果黑棋净死。

问题90 解说

图1 正解

黑1先挡下，白2时，黑3尖是解决问题的唯一方法。白4时，黑5先手利用，以下进行至黑9，黑棋可以通过打劫来与黑△一子形成联络。

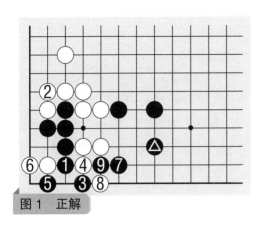

图2 变化

黑1时，白2如果跳下，黑3先手利用后，黑5扳，以后黑棋只要在A位和B位中居其一即可活棋。

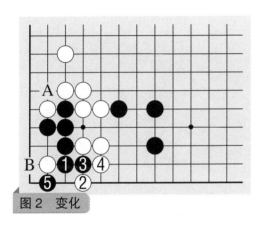

图3 失败

黑1、白2时，黑3拐失误，其后白4时，黑5虽是强手，但以下进行至白10，黑棋仍不活。

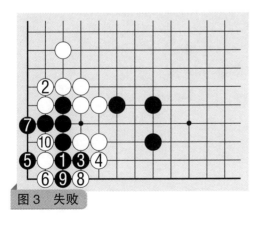

问题 91

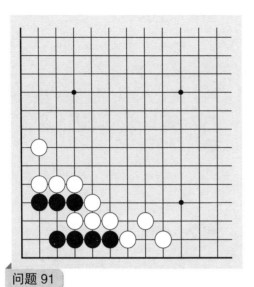

问题 91

白先。本题中黑棋的空间不大，看起来白棋可以很容易吃住黑棋，但实际上，本题并不简单。请问白棋应如何下？第一手棋是成败的关键。

问题 92

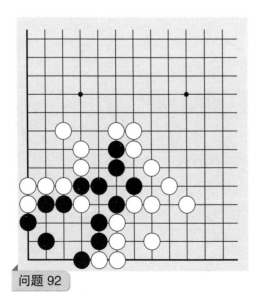

问题 92

白先。本题中黑棋的空间虽然很大，但只要白棋攻击的次序正确，即可以与黑棋下成打劫。请问白棋应如何下？

问题 91 解说

图 1 正解

白 1 点是急所，黑 2 是最强的抵抗，其后白 3 先手利用，白 5 再扳，白棋即可解决问题。黑 6 至白 11 是以后的进行，结果是黑棋净死。

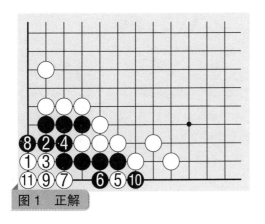

图 2 失败 1

白 1、3 冲断的下法虽然具有一定欺骗性，但以下进行至黑 8，黑棋以后只要在 A 位或 B 位中居其一即可活。

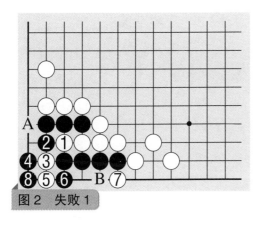

图 3 失败 2

白 1 看似攻击的急所，但黑 2 以下至黑 8，黑棋净活。

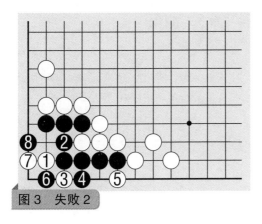

问题92 解说

图1 正解

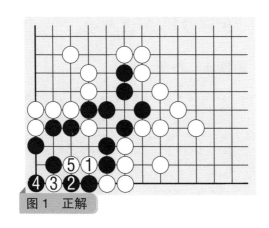

图1 正解

白1断打,黑2时,白3扑是妙手,其后黑4如果提子,白5打吃,后续变化见图2。

图2 正解继续

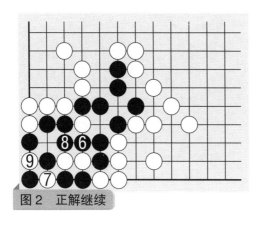

图2 正解继续

黑6只好打吃,白7提子,以下黑8、白9,双方下成打劫。

图3 变化

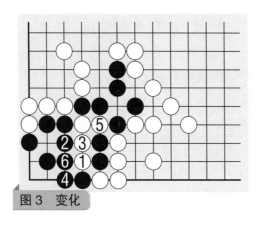

图3 变化

白1时,黑2如果谋求变化,虽可做活左侧的黑棋,但进行至白5,白棋先手获利很大。

问题 93

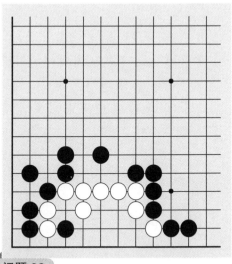

黑先。本题的白棋看起来不那么容易死，但正确答案却出乎意料。请问黑棋应如何攻击白棋？第一手棋是关键。

问题 93

问题 94

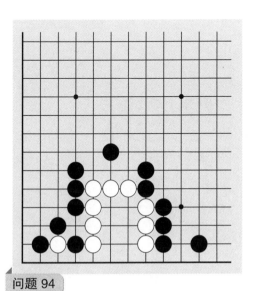

黑先。黑棋在本题中如果冒冒失失地进行攻击，将无法成功，黑棋应当慎重。请问黑棋应如何下？第一手棋是关键。

问题 94

问题93 解说

图1 正解

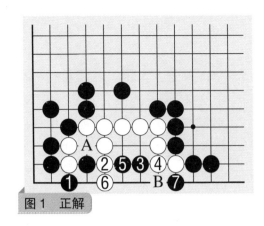
图1 正解

黑1渡过是稳健的下法,白2必须挡时,黑3再点是非常好的次序,以下进行至黑7,黑棋以后只要在A位或B位中居其一即可吃住白棋。

图2 失败1

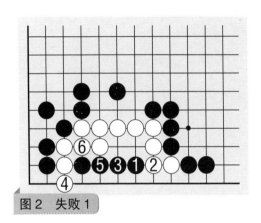
图2 失败1

黑1先点次序错误,白2连接,黑3以下进行至白6,白轻松活棋。

图3 失败2

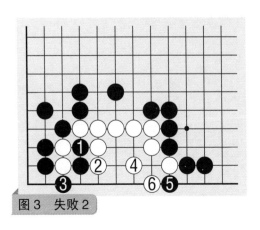
图3 失败2

黑1打吃白二子失误,以下进行至白6,黑棋仅仅下成劫杀。

问题 94 解说

图 1 正解

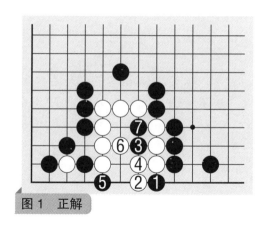

图 1 正解

黑 1 扳，白 2 时，黑 3 点是正确的次序。其后白 4、6 虽进行了最顽强的抵抗，但黑 5、7 后，黑棋可利用白棋不入气而吃住白棋。

图 2 变化

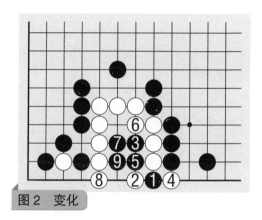

图 2 变化

黑 1 扳，白 2、黑 3 时，白 4 如果提子，黑 5、7 深得要领，至黑 9，白棋免不了一死。

图 3 失败

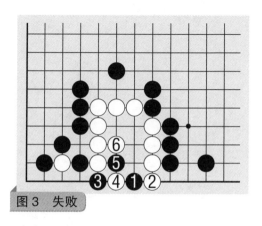

图 3 失败

黑 1 点，白 2 时，黑 3 渡过看似可以成立，但白 4 扑后，白 6 挡是很好的次序，白棋可以轻松做活。

问题 95

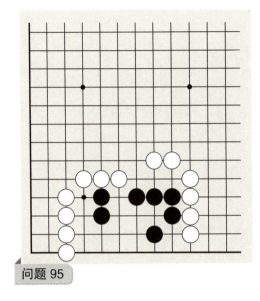

黑先。本题中的黑棋空间虽然不大,却可以活棋。请问黑棋应如何下?双活同样也是活棋的一种形式,这一点请大家牢记。

问题 96

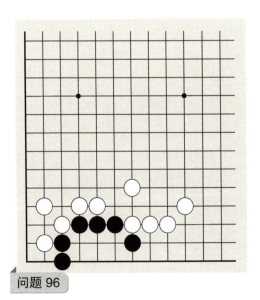

白先。本题是边上基本死活的一种。白棋应避免下成打劫。请问白棋无条件吃住黑棋的要点在哪里?

问题 95 解说

图 1 正解

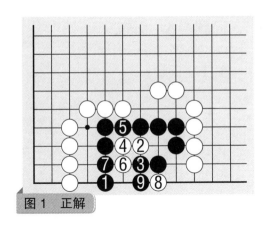

图 1 正解

黑 1 单跳是活棋的手筋，白 2 点虽是急所，但以下进行至黑 9，黑棋可以下成双活。

图 2 失败 1

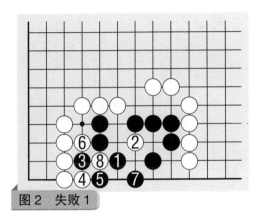

图 2 失败 1

黑 1 尖，看似妙手，但白 2 点是急所，以下进行至白 8，黑棋只能打劫活。

图 3 失败 2

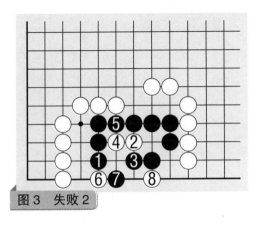

图 3 失败 2

黑 1 下立是最坏的下法，白 2 点以下至白 8，黑棋净死。

问题96 解说

图1 正解

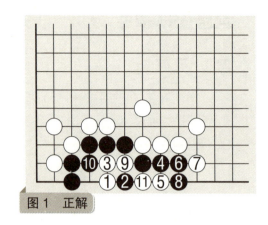

白1点是急所，黑2尖顶，白3破眼，黑4长时，白5又是巧妙的手筋，由此可以避免下成打劫，以下进行至白11，黑棋净死。

图2 变化

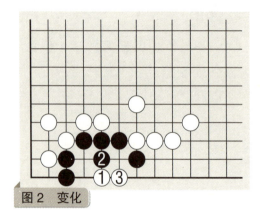

白1点时，黑2如果顶，白3长后，白棋即可简单吃住黑棋。

图3 失败

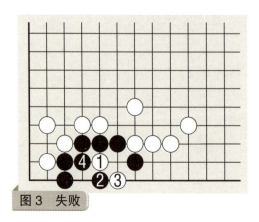

白1点，看起来也是急所，但以下进行至黑4，结果双方下成打劫。

问题 97

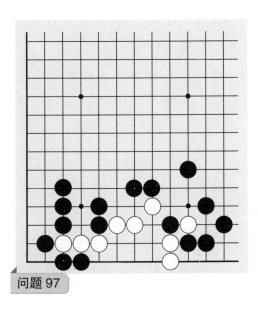

问题 97

黑先。本问题需要执黑棋者具备相当的计算能力。请问黑棋如何攻击白棋最好？

问题 98

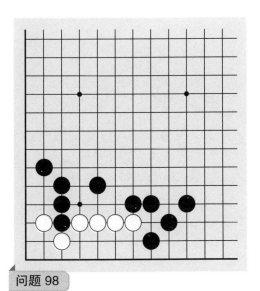

问题 98

黑先。本题中的白棋看起来已具备了活棋的空间，但黑棋可以利用角的特殊性吃住白棋。请问黑棋应如何下？

问题 97 解说

图 1 正解

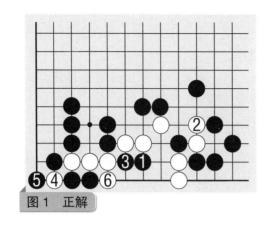

黑 1 是攻击的出发点，白 2 整形时，黑 3 断是正确的次序，以下进行至白 6 均是必然的，后续变化见图 2。

图 2 正解继续

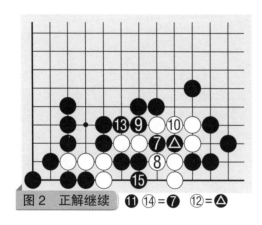

黑 7 断是准备好的手段，白 8 时，黑 9 至白 14 紧之后，黑 15 下立，结果黑棋可以吃住白棋。

图 3 变化

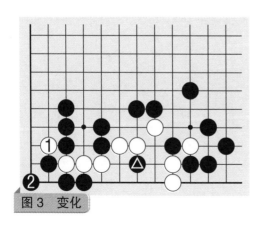

黑▲点时，白 1 如果断，黑 2 虎是手筋，白棋仍死。

问题 98 解说

图 1 正解

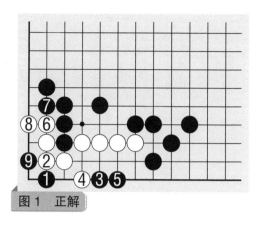

黑 1 点是急所，白 2 如果接上，黑 3 大飞是连贯的好棋，以下进行至黑 9，黑棋可以吃住白棋。

图 2 变化

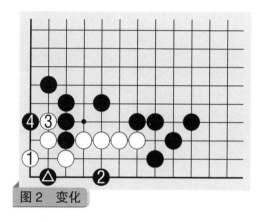

黑▲时，白 1 如果虎，黑 2 大飞即可。白 3 时，黑 4 是常用的破眼手段，白棋仍不活。

图 3 失败

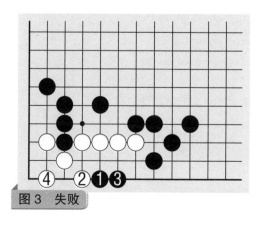

黑 1 先大飞次序错误，白 2 时，黑 3 必须连回一子，至白 4，白棋可以活。

问题 99

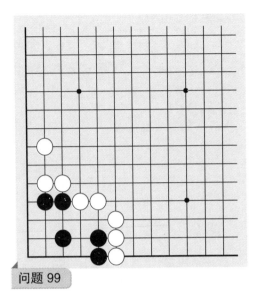

问题 99

白先。黑棋的棋形明显存在缺点，但黑棋却有非常顽强的抵抗手段。请问白棋应如何下？

问题 100

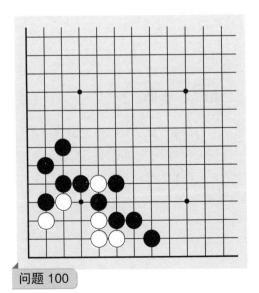

问题 100

黑先。在解答本题时，黑棋如急于求成，容易招致失败。黑棋如何利用白棋不入气，是解决问题的焦点。请问黑棋应如何下？

问题 99 解说

图 1 正解

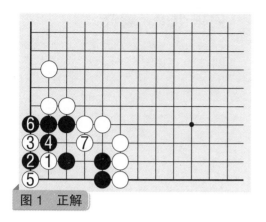

图 1 正解

白 1 是要点，黑 2 进行顽强抵抗，以下进行至白 7，结果双方下成打劫。

图 2 变化

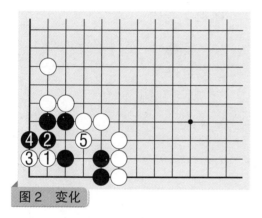

图 2 变化

白 1 时，黑 2 顶是恶手，其后白 3、5 是攻击的正确次序，结果黑棋净死。

图 3 失败

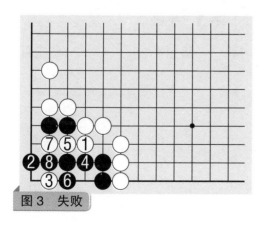

图 3 失败

白 1 攻击时，黑 2 应对得法，白 3 点，以下进行至黑 8，白棋只能吃住黑棋两子。

问题 100 解说

图 1 正解

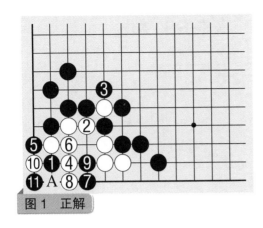
图 1 正解

黑 1 夹是攻击的要点，白 2、4 是最顽强的抵抗，黑 5 以下至黑 11，黑棋可以利用白棋不入气而吃住白棋。白棋最痛苦的是不能在 A 位打吃。

图 2 变化

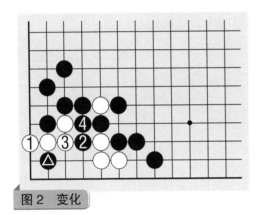
图 2 变化

黑▲时，白 1 如果下立，黑 2 扳是好棋，白 3 连接，黑 4 也连接后，白棋不活。

图 3 失败

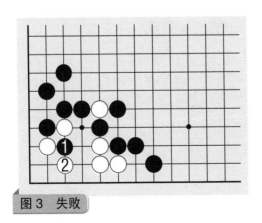
图 3 失败

黑 1 断打，当白 2 反打后，白棋可以活。

问题 101

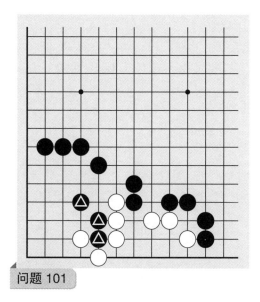

问题 101

黑先。白棋右边做活空间不足，黑棋如能正确认识自身的弱点，避开白棋对黑▲三子的威胁，阻止白棋在左边做眼即可成功。请问黑棋应如何攻击白棋？

问题 102

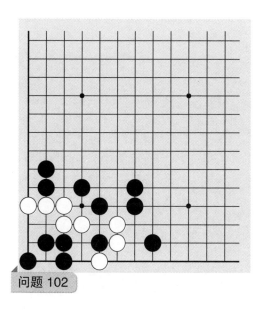

问题 102

黑先。本题考察黑棋利用弃子的能力。关键在于黑子被对方吃掉后，白棋仍不活。请问黑棋应如何下？

问题 101 解说

图 1 正解

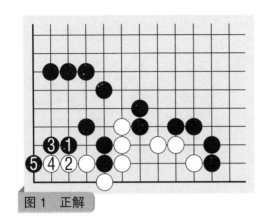

图 1 正解

黑 1 尖，以下至黑 5 是必然的次序，后续变化见图 2。

图 2 正解继续

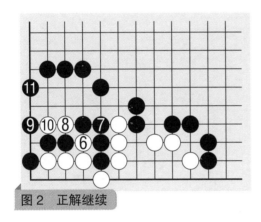

图 2 正解继续

其后白 8 断时，黑 9 是绝妙的手筋，至黑 11，白棋净死。

图 3 失败

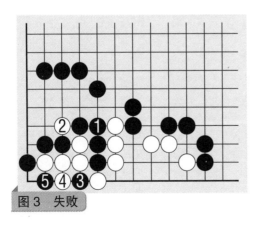

图 3 失败

黑 1、白 2 时，黑棋如果未能发现正解中的下法，而是黑 3 扑，白 4 提子时，黑 5 抛劫，这一结果无法令人满意。

问题102 解说

图1 正解

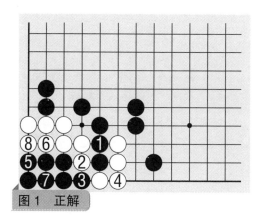
图1 正解

黑1连接，白2时，黑3断是正确的次序。其后白4必须连接，黑5、7是黑棋利用弃子的绝妙下法，白8提，后续变化见图2。

图2 正解继续

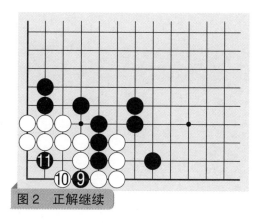
图2 正解继续

在白棋提去黑七子后，黑9扑，白10提子时，黑11点，白棋净死。

图3 失败

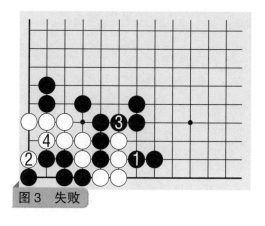
图3 失败

黑棋如果未能发现正解中弃子的下法，而于黑1收气，以下进行至白4，双方下成打劫，结果无法令人满意。

问题 103

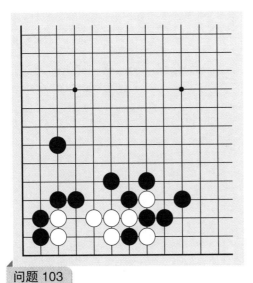

问题 103

黑先。黑棋攻击时应沉着冷静，不给白棋任何反抗的机会。请问黑棋应如何下？

问题 104

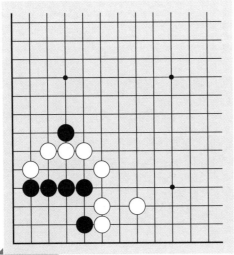

问题 104

白先。本题中黑棋的空间虽然比较小，但白棋要吃住黑棋却并非易事。请问白棋应如何攻击黑棋？第一手棋是妙手。

问题103 解说

图1 正解

黑1单跳是大家不易考虑到的攻法，白2如果提子，黑3点，即可解决问题。

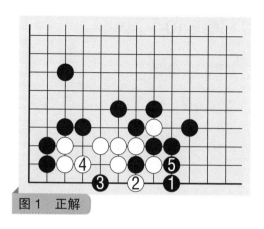

图1 正解

图2 失败1

黑1立即点，虽可称作手筋，但黑棋右边较薄，白2尖后，变化将非常复杂。不能简单吃住白棋是黑棋的失败。

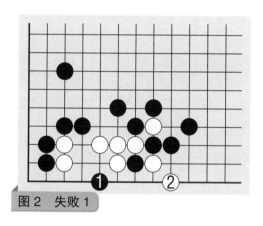

图2 失败1

图3 失败2

黑1打吃，白2提子，黑3再点时，白4扳，可以既伺机外逃又准备打劫，白棋有反击的余地。

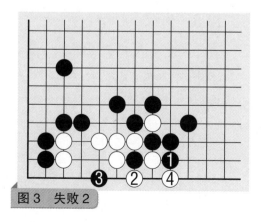

图3 失败2

问题 104 解说

图 1 正解

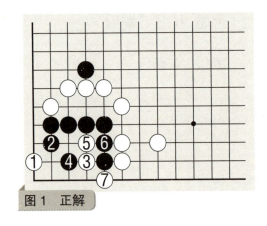

白1点是妙手，黑2阻渡时，白3再夹，以下进行至白7，白棋成功地吃住黑棋。

图 2 变化

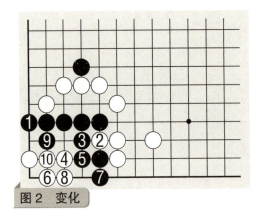

白棋点时，黑1下立，但白2以下至白10，白棋可以下成有眼杀无眼的棋形，黑仍然死棋。

图 3 失败

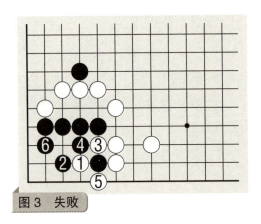

白1先夹时，黑有2位反夹的手段，以下进行至黑6，黑棋可以活。

问题 105

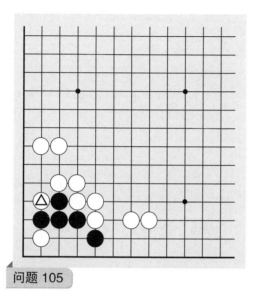

白先。白△一子确实是弱点，而白棋如果过于受这一弱点的影响，将一事无成。请问白棋应如何下？如果下成打劫，对白棋来说就是失败。

问题 105

问题 106

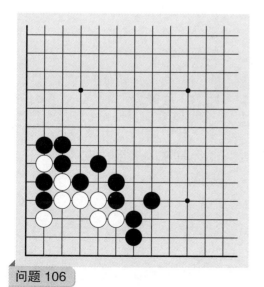

黑先。执黑者如果具备较好的计算能力，将可能利落地解决问题。请问黑棋应如何下？

问题 106

问题 105 解说

图 1 正解

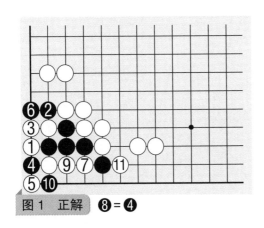

图1 正解 ❽=❹

白1渡过，黑2打时，白3连接正确，黑4、6进行抵抗，以下进行至白11，黑棋做不成两只眼。

图 2 失败 1

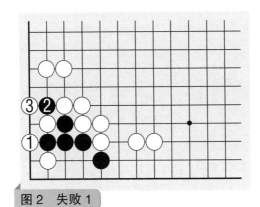

图2 失败1

如果是实战，很可能会下成白1渡过，其后黑2、白3打劫。

图 3 失败 2

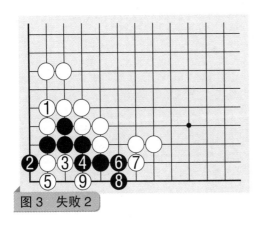

图3 失败2

白1连接过于顾忌自身的弱点，黑2以下至白9，双方下成双活。

问题 106 解说

图 1 正解

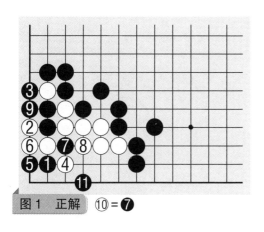

图 1 正解 ⑩=❼

黑 1 夹是棋形的要点，白 2 打吃后，白 4 如果虎，黑 5 下立是好手，其后白 6 如果连接，黑 7 扑，黑 9 打，至黑 11 大飞，黑棋可以吃住白棋。

图 2 变化

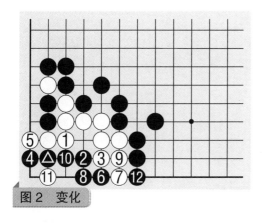

图 2 变化

黑❹夹时，白 1 如果连接，黑 2 跳是好棋，其后白 3 被迫阻渡，黑 4 以下至黑 12，黑棋可以有眼杀无眼。

图 3 失败

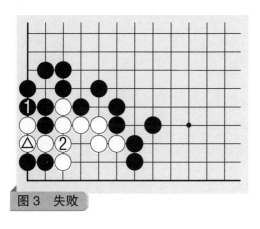

图 3 失败

正解中的白△连接时，黑 1 不扑而直接打是大失误，白 2 连接之后，白棋活净。

问题 107

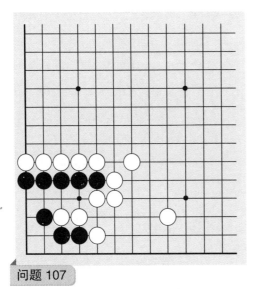

问题 107

白先。本题主要考察大家的攻击能力。如能下成打劫，即告成功。请问白棋应如何下？

问题 108

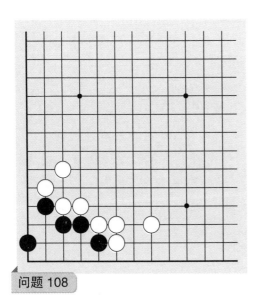

问题 108

白先。本题中的黑棋空间虽然不大，但白棋如果找不到正确的途径，将很难解决问题。请问白棋应如何下？

问题 107 解说

图 1 正解

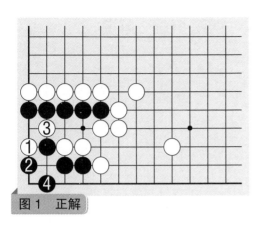

图 1 正解

白 1 是极其锐利的手筋，黑 2 也是最佳下法，以下白 3、黑 4，双方下成打劫。

图 2 变化

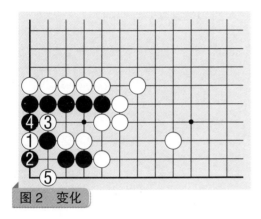

图 2 变化

白 1、黑 2、白 3 时，黑 4 提轻率，其后白 5 点，整块黑棋不活。

图 3 失败

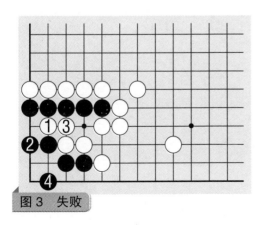

图 3 失败

白 1 挖，黑 2 下立是好棋，白 3 必须连接，黑 4 则可以虎，结果黑棋可以活角。

问题108 解说

图1 正解

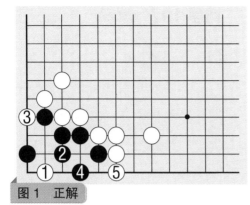

白1点是急所,黑2、4进行抵抗,白3、5后,白棋可以吃住黑棋。

图2 变化

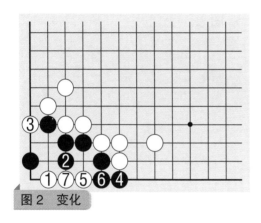

白1点,黑2、白3时,黑4扳准备打劫,但白5是沉着的应对手段,至白7,白棋可以吃住黑棋。

图3 失败

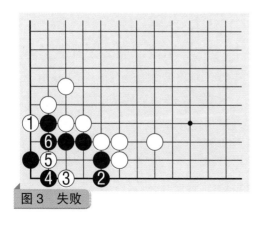

白1打吃,黑2是有效的抵抗,白3点以下进行至黑6,白棋不可避免地下成打劫。

问题 109

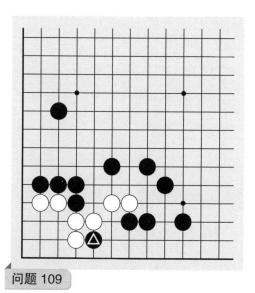

黑先。黑棋如果急于去救活黑▲一子，白棋可以轻松活角。请问黑棋应如何下？

问题 109

问题 110

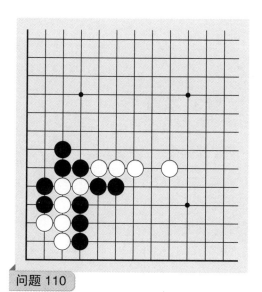

白先。角上白棋本身不活，如果要活，只有最大限度地利用黑棋的弱点。请问白棋应如何下？

问题 110

问题109 解说

图1 正解

黑1点是死活的急所,白2打吃黑一子时,黑3顶过是好棋,以下进行至黑7,白棋净死。

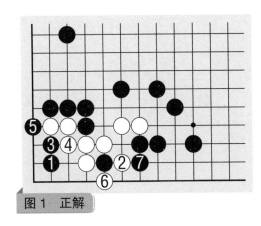

图1 正解

图2 变化

黑▲点时,白1顶进行顽抗,黑2下立巧妙,白3阻渡,以下进行至黑8,白棋仍死。

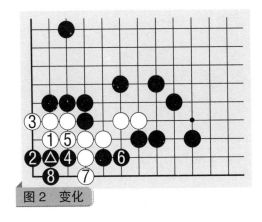

图2 变化

图3 失败

白1时,黑2断错误,白3先手利用,至白5,白棋以后只要在A位或B位中居其一即可活。

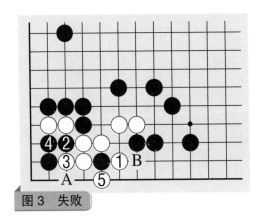

图3 失败

问题110 解说

图1 正解

白1断，攻击黑棋的弱点，黑2如果打吃，白3、5是正确的次序，后续变化见图2。

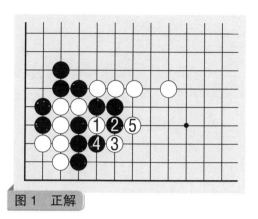

图1 正解

图2 正解继续

黑6、8长气，白9、11先手利用后，白13断，以下进行至白19，白棋在对杀中快一气。

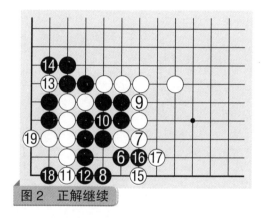

图2 正解继续

图3 失败

白1虽是棋形的急所，但黑2、4之后，白棋的气不够。

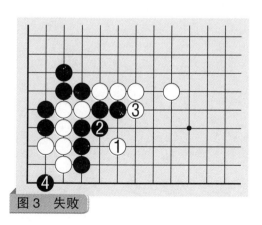

图3 失败

问题 111

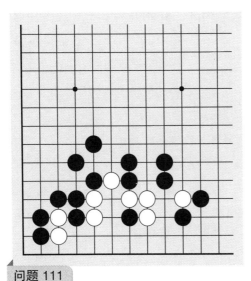

问题 111

黑先。本题比较难，而且第一手棋有些出人意料，应深入思考。请问黑棋应如何下？

问题 112

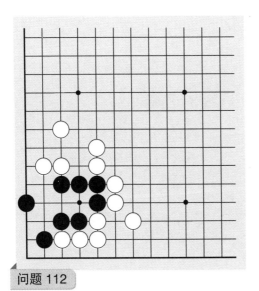

问题 112

白先。本题中，白棋如果猛攻得法，可以下成劫杀。请问白棋应如何下法？

问题 111 解说

图 1 正解

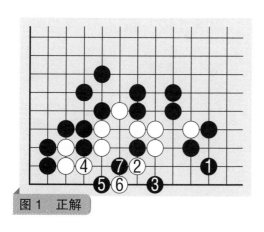

图 1 正解

黑 1 虎是绝妙的手筋,白 2、4 时,黑 3、5 又是不易考虑到的妙棋,至黑 7,黑棋可以吃住白棋。

图 2 变化 1

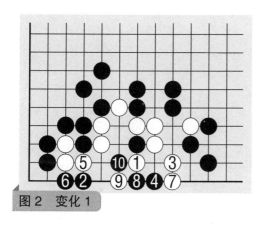

图 2 变化 1

白 1 时,黑 2 点也可以吃住白棋。其后白 3 如谋图做眼,黑 4 点是妙手,以下进行至黑 10,白棋不活。

图 3 变化 2

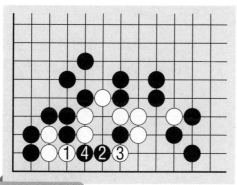

图 3 变化 2

黑棋虎时,白 1 如果谋求变化,黑 2 点是好棋,白 3 打吃,黑 4 断,结果白棋仍不活。

问题 112 解说

图 1 正解

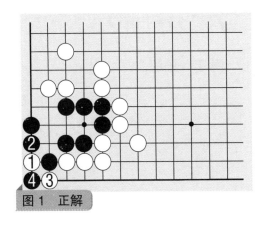

图 1 正解

白1是极其锐利的攻击手段，黑2也是最佳下法，至黑4，白棋与黑棋下成打劫。

图 2 变化

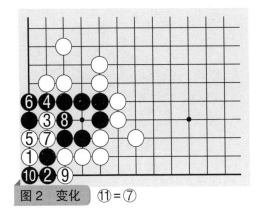

图 2 变化　⑪=⑦

白1时，黑2如果下立，白3是手筋，黑4时，白5、7是正确的次序，以下进行至白11，白棋运用"倒脱靴"杀黑棋。

图 3 失败

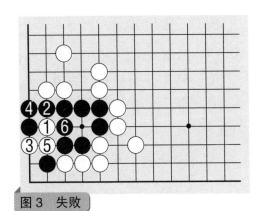

图 3 失败

白1虽是棋形的急所，但以下进行至黑6，黑棋轻松活出。

问题 113

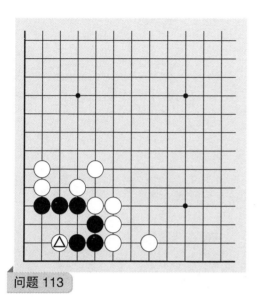

白先。白棋如何利用白⊙一子，是能否吃住黑棋的关键。下成打劫对白棋来说就是失败。请问白棋应如何下？

问题 113

问题 114

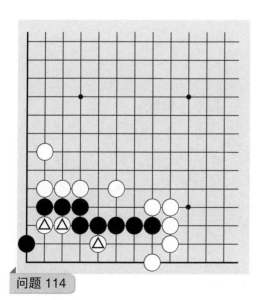

白先。白棋只有充分利用白⊙数子，才能吃住黑棋。请问白棋应如何下？

问题 114

问题113 解说

图1 正解

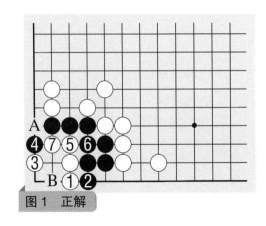
图1 正解

白1下立，黑2时，白3单跳是正确的次序，以下进行至白7，白棋以后只要在A位和B位中居其一即可吃住黑棋。

图2 变化

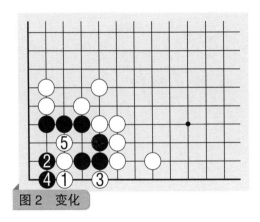
图2 变化

白1时，黑2如果夹，白3可以渡过，黑4谋求做活时，白5破眼，结果黑棋不活。

图3 失败

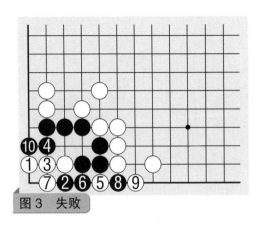
图3 失败

白1先跳次序错误，黑2是正确的对策，其后白3连接，以下进行至黑10，黑棋可以下成劫活。

问题 114 解说

图 1 正解

白 1 联络是唯一的下法,黑 2 准备做劫是最顽强的抵抗,但白 3、5 进行后,黑棋不能如愿。

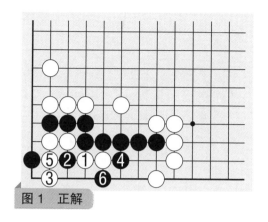

图 1 正解

图 2 正解继续 1

其后白 7 渡过,黑 8 扑,白 9 提子,以下至黑 16 是必然的下法。

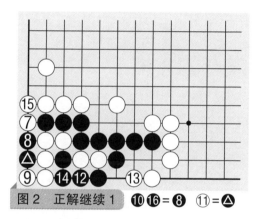

图 2 正解继续 1　❿⓯=❽　⑪=▲

图 3 正解继续 2

黑棋提去白六子后,白 17 可以断打,结果黑棋做不成两只眼。

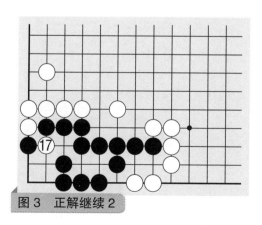

图 3 正解继续 2

问题 115

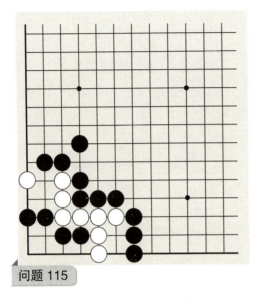

问题 115

白先。白棋要想活，必须吃住角上的黑棋。白棋如果能发现对杀的急所，将可简单解决问题。请问白棋应如何下？

问题 116

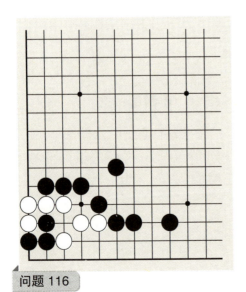

问题 116

黑先。黑棋如何利用被围住之子是能否吃住白棋的关键。请问黑棋应如何下？

问题 115 解说

图 1 正解

白 1 断，黑 2 时，白 3 利用弃子，是正确的次序，后续变化见图 2。

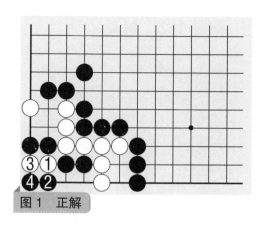

图 1 正解

图 2 正解继续

白 5 是稳健的好棋，黑 6、8 时，白 7 以下至白 11，白棋可以利用黑接不归而成功。

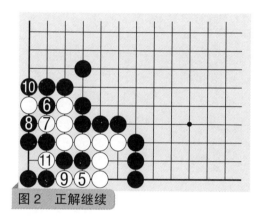

图 2 正解继续

图 3 失败

白 1 如直接挡，黑 2 虎是好棋，其后白 3、5 紧气，但以下进行至黑 10，白棋仅下成"葡萄六"而不活。

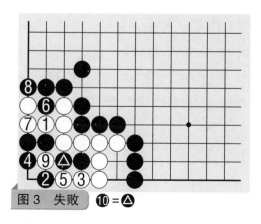

图 3 失败 ❿ = △

问题 116 解说

图 1 正解

黑 1 挤巧妙,白 2 扳时,黑 3、5、7 又是正确的次序,结果黑棋可以利用白棋气紧而吃住白棋。

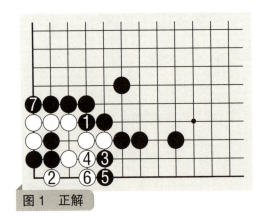

图 1 正解

图 2 失败 1

黑 1、3 扳接次序错误,以下进行至白 6,双方下成双活。

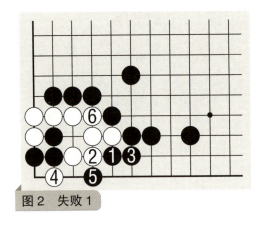

图 2 失败 1

图 3 失败 2

黑 1 夹过分,白 2 以下进行至白 6,白棋可以部分做活。

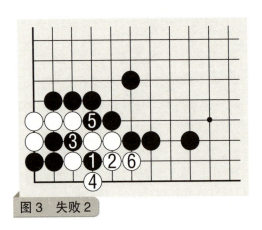

图 3 失败 2

问题 117

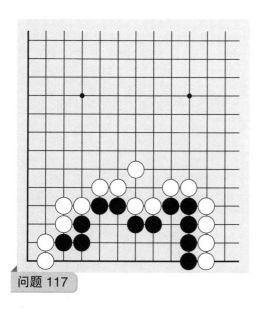

白先。从棋形来看,黑棋的味道很坏。那么请问白棋应如何下才能取得最大收获?

问题 117

问题 118

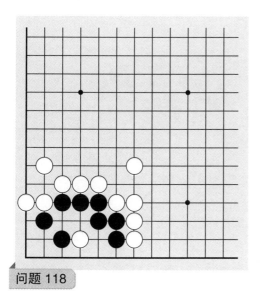

白先。本题中的白棋要吃住黑棋是不可能的,但可以通过攻击最大限度地获取利益。请问白棋应如何下?

问题 118

问题 117 解说

图 1 正解

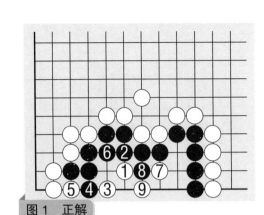

图 1 正解

白 1 点并不难发现，黑 2 连接时，白 3 尖，以下进行至白 9，白棋可以下成双活。

图 2 变化

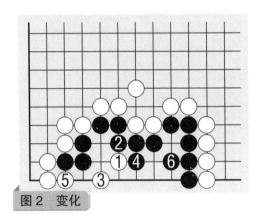

图 2 变化

白 1、黑 2、白 3 时，黑 4 挡的变化可以考虑。其后白 5 渡过，黑 6 做活，结果白棋可以先手得利。

图 3 失败

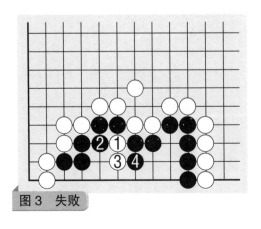

图 3 失败

白 1 先断有点不负责任，黑 2 连接，白 3 时，黑 4 挡，结果黑棋安然无恙。

问题118 解说

图1 正解

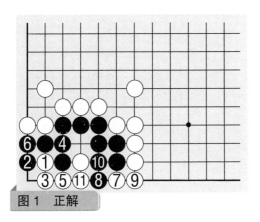

白1嵌是好棋，黑2时，白3下立，其后黑4连接，白5时，黑6再连接，白7以下至白11，白下成双活是最佳结果。

图2 变化

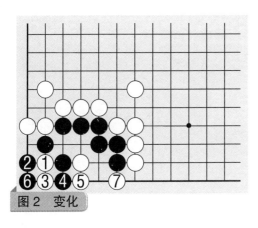

白1嵌，黑2、白3时，黑4如果打吃，白5先手利用后，白7渡过，黑棋整体被吃。

图3 失败

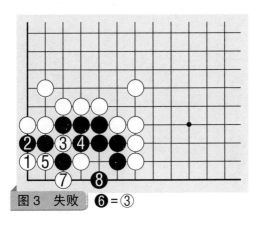

白1看似急所，但实际上是错着。黑2以下至黑8，黑空可观。

❻=③

问题 119 ▶

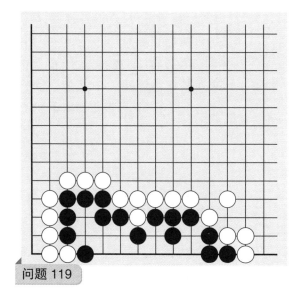

问题 119

白先。本题中黑棋的空间虽然很大,但实际上白棋仍有棋可下。请问白棋如何下最佳?

问题 120 ▶

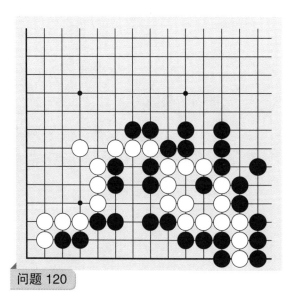

问题 120

白先。白棋现在要救活被黑棋围困的部分棋子,请问白棋应如何下法?

问题 119 解说

图 1 正解

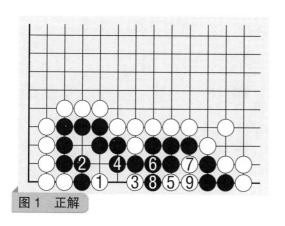

白 1 首先打吃，让黑 2 连接后，白 3 是巧妙的手筋，其后黑 4 连接时，白 5 是急所，以下进行至白 9，白棋可以吃住黑三子。

图 2 变化 1

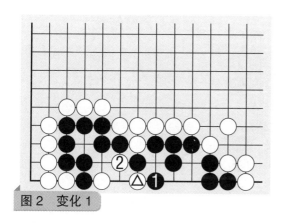

正解中的白⊙靠时，黑 1 如果打吃，白 2 断后，双方下成打劫。

图 3 变化 2

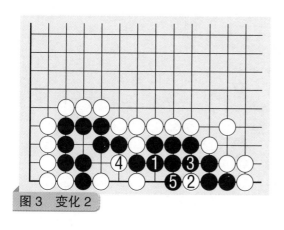

黑 1 如果连接，白 2 打吃后，白 4 断是正确的次序，至黑 5，白棋先手双活。

问题120 解说

图1 正解

白1先冲是攻击黑棋弱点的正确下法，黑2被迫连接时，白3、黑4交换后，白5挖是妙手，后续变化见图2。

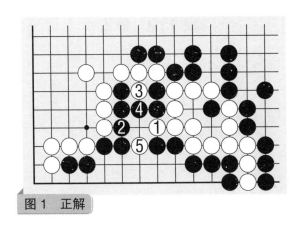

图1 正解

图2 正解继续

黑6时，白7、9是绝妙的次序，以后黑10如果打吃白棋二子，以下进行至白13，白棋可以倒扑黑八子。

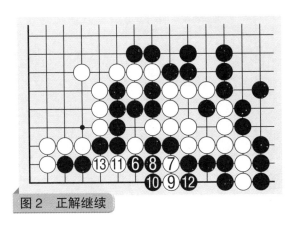

图2 正解继续

图3 失败

白1、黑2时，白3打吃方向错误，其后黑4提子，以下进行至黑8，以后白棋只能后手吃黑二子。

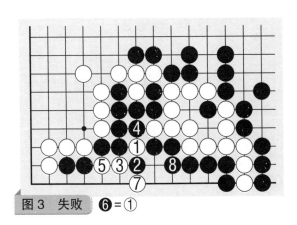

图3 失败　❻=①

问题 121

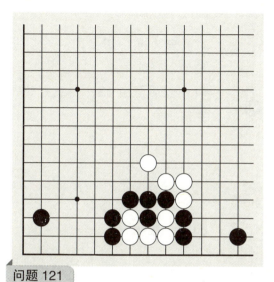

问题 121

白先。本题中的白五子看起来已处于绝境，但白棋却有逆转局势的方法。请问白棋应如何下？

问题 122

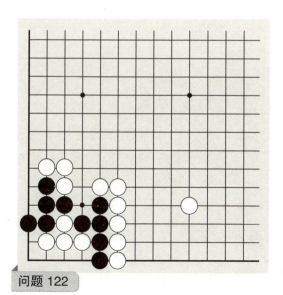

问题 122

白先。本题考察大家的对杀能力。请问白棋应如何下？第一手棋是妙手。

问题 121 解说

图 1 正解

白 1 断，黑 2 时，白 3 扳是预备好的手段，其后黑 4 退，白 5 以下至白 13，白棋在对杀中快一气。

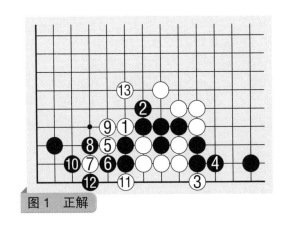

图 1 正解

图 2 变化

白△时，黑 1 如果断打，白 2 以下进行至白 6，白棋可以吃住黑三子而活棋。

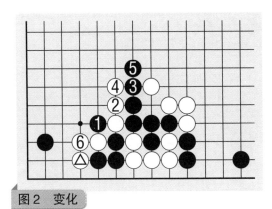

图 2 变化

图 3 失败

白 1 至黑 4 后，白 5 封是错误的下法，黑 6 扳，白棋的气不够。

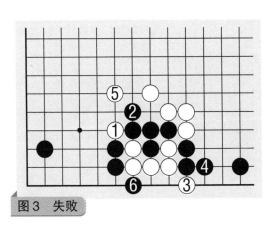

图 3 失败

问题122 解说

图1 正解

白1是妙手，黑2时，白3扳是要领，其后黑4紧气，白5多送一子，黑6提，白7点后，黑棋不活。

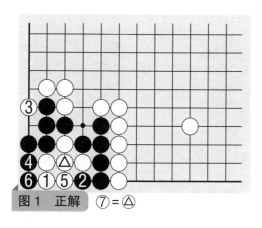

图1 正解 ⑦=△

图2 变化

白1时，黑2、4如果进行抵抗，白3、5后，黑仍摆脱不了死棋的命运。

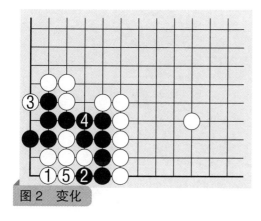

图2 变化

图3 失败

白1与黑2交换后，再下白3是次序错误，至黑4，以后白棋只能在A位或B位中居其一下成双活。

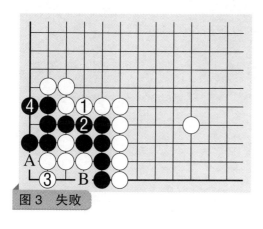

图3 失败

曹薰铉、李昌镐精讲围棋系列

第一辑

精讲围棋官子 . 官子计算
精讲围棋官子 . 官子手筋
精讲围棋官子 . 官子次序

第二辑

精讲围棋棋形 . 定式常型
精讲围棋棋形 . 棋形急所
精讲围棋棋形 . 手筋常型

第三辑

精讲围棋布局 . 布局基础
精讲围棋布局 . 布局技巧
精讲围棋布局 . 布局实战1
精讲围棋布局 . 布局实战2
精讲围棋布局 . 布局实战3

第四辑

精讲围棋定式 . 星定式
精讲围棋定式 . 小目定式
精讲围棋定式 . 目外高目三三定式
精讲围棋定式 . 定式选择
精讲围棋定式 . 定式活用

第五辑

精讲围棋对局技巧 . 基本技巧
精讲围棋对局技巧 . 接触战
精讲围棋对局技巧 . 实战对攻

第六辑

精讲围棋中盘技巧 . 打入与侵消
精讲围棋中盘技巧 . 攻击
精讲围棋中盘技巧 . 试应手

第七辑

精讲围棋手筋 . 1
精讲围棋手筋 . 2
精讲围棋手筋 . 3
精讲围棋手筋 . 4
精讲围棋手筋 . 5
精讲围棋手筋 . 6

第八辑

精讲围棋死活 . 1
精讲围棋死活 . 2
精讲围棋死活 . 3
精讲围棋死活 . 4
精讲围棋死活 . 5
精讲围棋死活 . 6